謹以此書，
獻給那些長了翅膀、卻飛不起來的人

這輩子，
只能這樣嗎？

你 是 自 己 最 大 的 敵 人

BY

KENNETH W. CHRISTIAN

YOUR OWN WORST ENEMY

BREAKING THE HABIT OF ADULT UNDERACHIEVEMENT

肯尼斯・克利斯汀————著

連映程————譯

目次

III 成長的驚異之旅

前言

你，到底怎麼了？

我正在開車回家的路上。週末剛參加完朋友小馬的婚禮，在他們家待了整晚敘舊。我大一時就認識小馬了，這些年來大家的感情日漸深厚。

那個下午，大家滿心祝賀小馬和他的新娘蘇珊，但我卻老想著小馬的小弟彼特退縮的模樣。認識彼特時他才六年級，但大家都認定他將來會成就非凡。他聰明伶俐，全身散發著個人魅力，熱情洋溢，好動活潑，有種天生對生命的熱情投注，讓家人和朋友深深著迷。他天資聰穎，跳級就讀，一年到頭在籃球場上廝殺比賽。

自從他們家搬到東岸之後，我和彼特漸漸失去了聯絡。雖然如此，我還是從小馬那裡得知彼特不如意的生活——以低空飛過的成績從高中畢業，之後又從大學休學，只因他掙扎著想「追尋自我」。這場婚禮，是多年後我第一次再見到他，原本還期望見到一絲之前的活力朝氣，也很希望再度和他取得聯繫，但我壓根沒想到，見到的會是這樣一個彼特——那道光芒已經消失了。

在排演婚禮晚宴時，彼特始終保持距離。我試著找他說話，他卻以時差為由躲進房間休息。隔天他出席了無法避免的結婚典禮，在接待時他義務性的應酬交際，卻一直避開我的視線。以往總能在眾人間施展個人魅力的他，現在看起來卻是既僵硬又了無生趣。他還是說著該說的話，但當他跟親朋好友談到未來的計畫和自己的近況時，卻給人一種過度開朗的感覺。

我心裡知道，他並沒有長大。隨著時間飛逝，他的光芒已經消失了。他還是假裝世界就在他的腳下，但我從他身上看到一種「心死」的狀態，或許是因為我意識到，這個世界已經遺棄他了。那個野心勃勃、極富想像力、總是令人驚豔的小孩，那個在夏日夜晚陪我到湖邊散步、一起去吃冰淇淋、在我還沒拿到學位就開始叫我「博士」的小孩，已經不見了。

婚禮隔天，我把彼特叫到一旁，想知道為什麼。一開始他閃躲我的問題，但當我把對話轉移到這幾年的生活時，他緊咬著唇，低頭強忍著淚水，終於開始說話了。

「我知道自己完蛋了，好嗎?沒想到我會變成今天這個樣子。」

彼特支支吾吾的道出了他的故事。他們搬家的前一年，他決定不再做個「完美的學生」。他深信只要願意，隨時都可以在中學時回歸正常。然而，事情並沒有那麼順利。「我老是告訴自己，明年再來好好唸書，但總是做不到。」他說：「明年來到時，又覺得拿來唸書很不值得。一段時間後我告訴自己，我根本不在乎。」

彼特不明白的是，當一個人放棄某件事之後，想要回頭並不那麼容易。當他決定不想再當個乖學生，他便開始往不同的方向去了，把某部分的自己遺忘在一旁，過沒多久就再也不記得自己曾經是誰了。「籃球」是他唯一還在乎和拿手的事，但他再也無法靠天賦從比賽中脫穎而出。他還是加入球隊練習，但在夏季聯盟賽中卻不怎麼努力。高三時，和他一樣優秀、卻比他更努力的對手出現了。儘管如此，當年他還是郡內得分排名第三的主力球員。

但是後來，他竟然眼睜睜讓一件毀滅性的事情發生。高中的球隊晉級州冠軍賽，但彼特這位主力前鋒卻因為成績不佳，政治課瀕臨被當。他的老師破例給他一次機會，只要他寫出兩頁任何和憲法有關的文章，就讓他過關。

他沒有寫。

「最讓我痛苦的是，我並沒有決定**不**寫，我就是讓期限過去了，之後自己也無法解釋為什麼。球隊找人替代我，但在第一輪就被刷了下來。我讓每個人失望——球隊、家人，還有我自己。」

籃球失利之後，彼特變得畏懼退縮，也沒有試圖振作自己。

他第一次直視我的眼睛。

「告訴我，醫生，什麼樣的人會做出這種事？」

我回答不出來。只能深呼吸，繼續聆聽。

整段談話中彼特始終顯得相當困擾。我開始建議他接受治療——雖然這是制式的回應，我還是感到很不自在。身為一個心理醫生，我了解這樣的情況，我不認為治療會有什麼幫助。現在，連我也感受到那種痛楚了，是他的絕望感染了我，還是，有什麼是我沒有發現到的？

在你空虛枯竭之前……

在開車回家的路上，我了解到像彼特這樣的案例，其實大有人在。我想到前年來接受治療的文斯。他的故事和彼特的不盡相同。又或者，其實是相同的？我看到了什麼？我沒看到什麼？

文斯不是眾所矚目的明星，他不像彼特擁有天生的魅力。雖然聰明伶俐，他看起來卻有點迷惘，跟彼特一樣垮著張臉。此外，他身上似乎還有些什麼東西，是我無法觸及的部分。我記得他溫順的陷在躺椅中，注視著地毯，年紀還輕，看起來卻非常老。他訴說著破碎的夢想和不順遂——他做的事，沒一件成功的。他錯失了許多機會和捷徑，一切變成了迂迴的徒勞無功。

我還想到了愛麗絲。她原本生活一路平順，但進入法學院的第一年，她認為一切都沒有繼續的價值，因為這不是她想要的生活。放棄學業之後，她以為花點時間旅行，可以幫助她理出一點頭緒。但後來她發現，根本沒有自己能做的事，也沒有她想做的事。很快的，愛麗絲感到生活毫無目標，對自己產生懷疑，她開始相信，自己已經過了人生的高峰，正在走下坡了。

我沒有直接回家，而是回到公司開始翻閱舊檔案。一個個像彼特、文斯和愛麗絲這樣的人，來找我時都是一樣的失神憔悴。為了找出這些人的關聯性，我開始尋找他們童年生活的相似度，然後，我想到了克蕾莉莎。她是我女兒的幼稚園同學，對學校生活充滿熱情，雖然講話有點結巴，但她很聰明，並沒有任何學習上的障礙。身為復健中心的諮詢顧問，我見過很多有嚴重學習障礙的案例，克蕾莉莎沒有這樣的情況，我也找不出任何事會影響她的熱情和專注。但就像彼特、文斯和愛麗絲一樣，她就是退縮了，也不想做任何努力。

我瀏覽了一堆案例，包括小孩以及他們的父母，了解到我所看到的並不是一個單一的現象。我的對象是由大人、夫妻和家人組成的。百分之八十的父母將他們十來歲的小孩帶來，大都是擔心他們在學校裡的表現。他們有些就像彼特，潛力十足卻漸漸消耗殆盡。我成功幫助了一些兒童，但有些結果我並不滿意。他們到底有什麼不同？他們需要什麼？我不知道，我想別人也無從知道。

闔上檔案時已經很晚了，我並沒有找到彼特的答案。除了對彼特以及其他人的感情和關心之外，他們的掙扎觸動了我心中的某部分。我決定要為他們做點什麼。然而，我知道從表面著手，大都徒勞無功，於是我想要和這些人——這些和我檔案裡的案例一樣臉孔的人——接觸，在他們變成像彼特、文斯那樣空虛枯竭**之前**。但是，該從何處著手呢？

接下來的數週，我試圖從科學研究調查裡尋找答案。以前我曾做過關於自我價值的研究，這些研究集中於人們所重視的東西，還有他們用來衡量自己的標準、對自己的信仰，以及世界對這些目標和行動的影響。我相信這些議題都是層層相關的。

然而，我發現之前關於「低成就」（underachievement）的研究，大都集中於外在行為或學業成績的表現，而不是個人內在的體驗。大家對這類主題的興趣，於一九七〇年代曾經達到一個高峰。理論上的概念和方法交互影響，日趨成形，心理治療的標準模式也因應而出。但是因為沒有確實可信的結論，只撐了兩年多。「團體治療」感覺比較有展望，但是關於家庭群體治療，並沒有系統的方法可以驗證。

我將搜尋範圍擴大到其他領域，最後找到社會心理學上的「自我挫敗行為」（self-defeating behavior）：有些人會有種莫名的傾向，面臨機會時故意放棄努力而招致失敗。終於，我找到了一絲線索。

潛能無法發揮是相互影響的議題。只要父母親、老師、治療師，還有其他亟需新方向的人，大家一起努力，就可以找出希望和解決之道。我從「自我挫敗行為」研究開始延伸，發展出一套關於低成就的全觀視點，可以提供全新的方向。總結最好的方法，就是以深入而多元的方式面對問題，反轉這些導致低成就的誘因。為了完成這項實驗，我們同時把小孩放到心理研究機構的同儕團體中，父母親則到父母教育團體中，全面展開家庭治療，並在四個半月當中，和學校當局以及老師密切聯繫。以此方法，我在一九九〇年提出了「極限潛能計畫」（Maximum Potential Project）。用這個獨特的技巧，我們得到了前所未有的成果。孩子們改變了對生活和學校的基本認知，他們變得活力十足，也能夠全心投入。

想改變，但不知該怎麼做

一九九三年，我在舊金山國家公共廣播網KQED電台接受專訪，談論這個「極限潛能計畫」。我本來以為關切這個議題的是家長，但聽眾的發言卻漸漸變成「你剛才描述的人就是我，我就是那種不交作業、喜歡跟學校作對的學生，直到現在還是渾渾噩噩。我想要改變現狀，但不知道要怎麼做」。

那天晚上打進來的聽眾，有一半以上並非求救的父母，而是想要改變自己的成人。接下來幾天，我和同事開始研究如何幫助彼特、文斯、愛麗絲，以及其他像他們一樣無法發揮潛力的成人。我想要看著他們從槁木死灰，變得活力十足，全心投入生活。

我當然知道很多成就低的人，是甘於平凡庸碌的。但更多的人就跟彼特、文斯和愛麗絲一樣，墜入漫長而自我折磨的過程，深深感到失望、痛楚和後悔。詳查他們面臨的問題之後，我得到一個重要結論：我在這些人身上看到的模式，幾乎是世界上大多數人的通病。

我發現人們總是對自己的生活設限。事實上，人們似乎覺得擁有夢想是很尷尬的一件事；他們比較傾向搗毀夢想，而不是追求夢想。對於個人不足的地方，他們勇於承認，但卻不敢面對內心真正的想望。明明心裡想做得更多，但還是消極以對。而且，越來越多人訂好計畫後，很快又以各種形式退縮，這顯然也是一種「低成就」的現象。總之，成人低成就的情況，是日常生活中「慣性墮落」的延伸，例如看不完一本書、老是拖延減肥計畫、無法按時回信等等。

更糟的是，大眾文化很能接受這種狀況，這個世界並不怎麼重視在逆境中力爭上游，或是堅持個人理想、長遠奮鬥這類的價值觀。我們喜歡有趣、快速和容易的事情。我們對天才和奇人比較有興趣，而不是一步步朝向目標邁進的人。像保羅．班揚（Paul Bunyan，傳說中美國拓荒時期的伐木巨人）這位民族英雄，他之所以成為傳奇，是因為他的天賦異稟，而不是過人的努力。現代的超級英雄也都是靠時髦科技或超能力取勝，從不用吃苦耐勞。

為了避免辛勤耕耘的勞苦，於是我們降低標準。從公司機構到公共政策，甚至細微到日常生活，我們任由這樣的低標準滲入其中。廣告商老是告訴我們，要年輕並跟得上時代，就不要去管什麼歷史文學或世界大事，而且要提防所有對這些知識有興趣的傢伙。二〇〇〇年美國參議院大選時，一位畢業於長春藤盟校的參選人說他從沒聽過懷特（E. B. White，美國二十世紀著名的散文家、詩人和評論家），用這招來凸顯自己的「平民」特質，避免洩漏出自己優秀的才識。

一個「放水」的文化

最後一個可以看出縱容低成就的地方，就是學術界。我們的高等教育體制，這八十年來在學院通識教育上逐漸衰微，幾乎所有知名大學對於學士學位的標準都有「放水」的傾向。很多大學的英文系不再需要研讀莎士比亞或喬叟。更荒謬的像是加州大學爾灣分校，規定大一英文系的新生每週寫一篇散文，主題有兩種選擇，除了指定文學之外，就是他們「最愛的電視節目」。學校公開譴責學位氾濫的問題，但是爾灣分校的教授們被告知，不管學生表現如何，盡量讓他們通過英文主科，不然他們可能會進不了研究所——你應該猜得到為什麼，因為，其他大學也在放水。

我們公立學校的入學標準不只落後其他國家，也不如以往。著名的「明尼蘇達多相個性測量表」（Minnesota Multiphasic Personality Inventory）通常被醫院用作嚴重心理疾病的診斷標準，在一九九八年測量表更新之後，引發心理學家關注。一九四八年舊版的測量表，要求病人具備六年級的閱讀能力；新版則要求八年級的程度。隨之而來的爭議不斷，後來有關單位才宣布，這並不是提高標準，兩個版本要求的閱讀能力其實是一樣的，只是在一九四八年，這是六年級的水準，但到了一九九八年，卻已經變成八年級的能力。

在低標準的環境中，我們理所當然的降低對生活的期待和情感上的想望，降低對人際關係、自我認知、學識教養，以及個人成就的期待和需求，幾乎無人不受影響。

大眾文化崇尚即時和時髦科技，凡事給你省時省力的承諾，遠大的理想變得不值錢，連英雄也開始追求流行。當我仔細檢視自己的生活，發現自己有時也會拖延一些曾經很重要的事，把它們延到「未知的將來」，壓抑自己的夢想。

於是我了解到，不論人們最後多麼成就非凡，在某種程度上，幾乎所有人在成功的過程中，都會遭遇到猶豫怠惰或是其他障礙。事實上，成功者和失敗者最大的不同，就是他們選擇面對困難的態度。無法突破個人障礙或社會氛圍的人，漸漸變得麻木疏離，安於較低的品質，習慣於「有就好」的妥協。就像是柏拉圖所提到的無知群眾，滿足於和內心認知相似的曖昧陰影。

很不幸的，有潛力創造成就的人，通常會遭到低成就人群的非議批評，結果不只是個人傷害，更是整個社會的損失。低成就現象可能導致吸毒、暴力舉動或是其他重大問題，但它潛在的影響才是我們最大的損失，遠勝於表面所見的亂象。我們流失了多少哲學家、藝術家和發明家？有多少多才多藝的人因而放棄了自己？

誰來評斷你的「成就」？

有人會問：「何謂『成就』？由誰來評判？是誰說每個人都可以達到某種程度的成就？評判一個人『低成就』的標準又是什麼？還有，是誰說『低成就』就是個問題？」

為了回答這些問題，我提供了幾種方法，讓大家思考潛力無法發揮所可能引發的問題。我承認這個過程是主觀的，因為成就的高低多少牽涉到等級問題，而且需要一段時間的觀察。

掌握這些要素之後，我和同事將一些低成就者組成一個焦點團體（focus group），方式包括上課、實用技巧傳授、團體成員交流，以及自我探索。結合上述這些方法，由我同時擔任指導員和心理治療師的角色，就如同一家擁有數百名員工的工廠，由我來引導他們提升產能。這整個過程，就是本書的基礎。

如果上述提到的行為，對你來說似曾相識，或是你在兄弟姊妹、父母、子女……任何人身上看過的話，我強烈建議你繼續看下去。你選擇了這本書，表示你想要改變，或是希望你親近的人能有所改變。改變是可能的，然而光是「想要」改變是不夠的，你至少需要表明決心，並且承諾會持續努力一段時間。

很不巧，會自我限制成就的人，通常會習慣性的避免這種承諾。為了發揮最大潛能，你一定要摒除積習，學習新的技巧。當你明確的知道自己要什麼，並依計畫循序漸進，就一定會成功。否則，就像一直撞上玻璃的蒼蠅一樣，永遠都會遭遇無形的障礙。

本書是一張地圖、一套計畫，也是一整組的工具。它是「極限潛能計畫」所有技巧的精華呈現，包括了研究成果，以及超過二十年的臨床經驗。它提供了實用、有效率的方法，讓你可以突破障礙，了解自己的極限潛能。

不想發揮自己的潛力，只讓它維持在最低限度，這是一種退縮，也等於是放棄了自己的最大權益。相對的，「成就自我」不只是人生的主要任務，它也可能是你一生中最驚險刺激的探索旅程。

I

這是你要的自己嗎？

第 1 章

幹嘛刪掉你的人生

人都一樣。將目標設低，然後達成期望。

——帕屈克・懷特《佛斯》Patrick White, *Voss*

聖誕節的前兩天，下午三點半。我剛認識的新朋友奧古斯特，好心開車載我穿越巴黎市區。剛到這個城市，一切都還不熟悉，我租的房子要先油漆後才能搬進去，油漆師傅還特別指定要某種特別的顏料，一定得去巴黎北邊的商家購買。他希望在聖誕節過後動工，所以我們的任務是快把顏料漆準備好。

塞車很嚴重，花了一個多小時我們才離開市中心。奧古斯特詼諧有趣的言談，讓時間在不知不覺中過去。過了一個路口後，我發現他的情緒突然轉變，他懊惱的說，我們應該在之前就轉彎，現在他不確定還能不能開得回去。我說我可以幫忙查看地圖，他說他把地圖留在家裡了。

接下來的五分鐘變得很漫長，我們完全動彈不得。終於，奧古斯特打破沉默，提及不知是否能在店家關門前到達。當時我還沒意識到嚴重性，輕鬆的說一定沒問題。那時才四點半左右，就算巴黎的商家都很早關門，假設六點好了，還有一個半小時，應該綽綽有餘。

我們繼續以龜速移動。突然間奧古斯特煞車停住，不發一語的衝下車，穿過車陣往前面的計程車去問路。他回來時神情開朗了不少，直說計程車司機幫了大忙。我們在下個路口轉彎，遠離主要車流，尋找一條特定的街道。然而，過沒多久，我們迷路了。奧古斯特把車停在某個地鐵站出口，研究看板上的地圖，試圖保持鎮定。然後，我們往另一個方向出發。幾分鐘後，不像靠近目的地，反而有越來越遠的感覺，我們是真的迷路了。

他攔下一個遛狗的女人詢問，聆聽，點著頭。沿路又問了一個在路邊修車的人、路上的行人、兩個警察、機車騎士，還有另一個計程車司機。每個人的指示都不同，唯一相同的是，他們都保證我們離目的地不遠了。整個過程他都只是專心聆聽，點頭表示了解，並沒有抄下任何東西。奧古斯特試圖依照著他的記憶前進，但怎麼樣就是到不了。五點五十五分時，奧古斯特打電話給店家解釋一切，看有沒有人可以等我們一下。沒有人來帶路、沒有路況解釋、沒有同情……很抱歉，今天是假日，我們關門了。

奧古斯特感到萬分抱歉，浪費了那麼多時間，卻沒有達成目標。這天下午，變成了一堂四個半小時關於「捷徑誘惑」、「潛藏後果」、「理想落差」的課。

似曾相識的模式。一個病人查理曾告訴我，他寧願問人家十次路，也不願花工夫帶地圖。查理聰明、迷人又熱情，是我遇過最有魅力的男人。他凡事喜走捷徑，在電腦開始興起的年代，查理以電腦專家和組裝博士自居，既沒有看書也沒去上課，就是不顧一切，在別人迷惘退縮時繼續挺進。在他的大膽嘗試下，發明了許多神奇的方式來破解電腦問題，但卻無法解釋出個所以然。他的太太和朋友漸漸反映，雖然他即時解決了電腦問題，但電腦卻無法像之前一樣正常運作。他自己的電腦也時常當機、硬體燒壞，花了他很多時間修理和替換器材。

奧古斯特的「導航策略」——朝著正確的方向前進，過程中再確定細節——是他標準的做事方法，像查理和奧古斯特這樣聰明伶俐的人，循規蹈矩對他們來說是很無聊的，他們習慣省略自認為不必要的步驟。但省略了**麻煩**的步驟，卻可能會引發別的問題。

比方說：如果油漆前不先在地上鋪好布，油漆完你就必須花時間整理地板。

再比方說：不注意財務平衡造成超支，之後就要花上時間收拾殘局。

奧古斯特親切又聰明，在各方面都很有成就。按部就班規畫路線，對他來說絕不是問題。但他似乎比較相信，除了地圖之外，他可以用自己的方法到達想去的地方，雖然有時會晚點到，但一路上總有意想不到的驚喜可以增添色彩。如果迷路，他馬上尋找救援；如果讓別人久等，他總是打從心底愧疚，魅力十足的向你道歉，訴說著沿路的故事讓你消氣。

同樣的，查理一味將問題歸咎於電腦不穩定，卻沒有檢討自己的方法。他邏輯上的缺失就是，如果電腦運作系統不穩定，而他一直不管，最後就會比循正規解決付出更多代價。

篤信簡便方法雖然不時會讓查理和奧古斯特任務失敗，但對他們來說，創新大膽的方法不僅可以激發他們完成不可能的任務，更是他們與其他「打安全牌」、「地圖和操作手冊先生」最大的區隔。成功了，就佩服自己的天才，或深信自己至少活得創意十足；失敗了，他們的態度是「真遺憾，不過人生很難十全十美」。

省略步驟的處事策略，可能會導致自我設限的行為模式。如果你不願在必要時耐心且有系統的做事，那麼，你將不會努力打拚，寧願坐享其成。再偉大的事情都有它瑣碎的部分，當你的目標複雜多面，或是承擔高風險的時候，省略步驟絕對是不可行的方法。

「高潛質族群」（High Potential Persons，簡稱HPPs）習慣於自我設限，導致他們無法發揮天賦，享受潛力的無限可能。在本章中，我將勾勒一個HPPs的基本形象，定義低成就的問題，以及他們自我設限的情況，列舉低成就者的人格特質，並描述自我挫敗、抑制潛能等行為模式。另外我要強調，雖然自我設限的習慣會降低我們對個人發展的期望，但這絕對是可以改變的。

你是不是這種人？

下述哪些狀況，你覺得就是在說你？

- 凡事力求簡便，只做最低程度的努力，即使是很重要的事情。

- 花很多時間「準備」工作、「逃離」工作，或找別人「代替」你的工作，但就是不「投入」工作。
- 做事不持久，常常徒勞無功。
- 無法樂在其中，即使是面對你人生中重要的活動或人際關係。
- 猶豫不決，無法做決定。
- 「訂立」計畫、「談論」計畫，但就是無法「貫徹」計畫。
- 無法組織工作、組織人生。
- 無法達成任何長程目標，因為缺乏適當的計畫和持久度。
- 總是對新鮮事物感到興奮莫名，當新奇感消失後便開始失望倦怠。
- 追求目標的動機錯誤，變動頻繁。很快感到無聊，總是渴望開始新的事物。
- 無法完成重大計畫，無論是不是自己喜歡的事情。
- 接近成功的時候，就萌生放棄的念頭。
- 做事拖拖拉拉。
- 只參與低於你真正能力的工作、人際關係和其他狀況，因為你不必全力以赴。
- 常被非傳統的事物吸引，一心迴避傳統、按部就班的工作計畫或老闆的命令。
- 有些事情你認為一下子就會過去，卻老是深陷其中。

- 自我懷疑、自我評價過低或飄忽不定。
- 總是害怕無法達成自我或他人的期望。
- 總是擔心自己是虛有其表，而且即將被拆穿。
- 無法力爭自己內心真正想望的東西，因為你不想失望或失敗。
- 對於「成功先決條件」的認知不切實際。
- 避免做出重大承諾，因為想要有更多選擇。
- 老是分不清「機會」和「冒險」的差異，習慣性承擔無謂的風險，或是太過害怕失敗，或是在兩者之間搖擺不定。
- 把失敗歸咎於運氣不好或是他人過失，不肯承認自己錯誤。
- 覺得自己有社會適應不良症，認為自己落後同儕，無法實現遠大的理想。
- 總有一種「快沒時間了，自己卻還沒開始」的感覺。
- 常陷入沮喪的情緒中。

不跳舞的舞者，沒寫作的作家

以上是HPPs特質摘要，主要是從我輔導過的人身上，歸納出的自我設限的慣性模式。你的答案可以提醒你，你正用什麼方法限制自身的可能性。你回答Yes的次數越多，代表你可能已經染上了某些習性。

如果你符合上述許多項目，別擔心，你並不孤單，你的情況並不絕望。自我挫敗的習慣、退而求其次的期望，搭配二流的努力，其實是很常見的。有太多舞者不再跳舞、太多作家停止寫作、太多運動員放棄並懷疑自己的過去——有才華的人閃耀短暫光芒，然後因為某種原因突然消失，這種人太多了。在會議室、臥室，在高檔酒吧，從運動場到醫學院，不同的年齡層，不同的活動種類，不分人種民族、社會經濟地位……，人們成就的遠比所能成就的還要低，或是直接放棄他們真正想追求的東西。

如果你在這份清單中看見了自己，也不代表你正在走下坡，或是被判出局、一事無成。從外人的眼光看來，搞不好你的表現還不錯呢。然而，你可以做得更多，不要安於「未滿」的狀態，或因襲簡單、傳統、取巧的方法，也不要放棄尋找讓自己熱血沸騰的夢想，或是把夢想棄置在一旁。

也許你多才多藝，而且很早就已顯現出來；在學校時學習的速度比別人快，在舞蹈、詩歌、體育、音樂等方面，表現得比同儕突出；也許別人勉強才能完成的事，對你來說卻是輕而易舉。你有成就的潛力，然而，一路走來，事情就變成這樣了，在工作、創意、人際關係或某些重要活動中，你就是無法完全發揮；關於你的目標和追求的方法，感覺就是少了些什麼。

哪些東西不見了？有哪些內在潛能尚未被開發，阻撓著你成功？「才華」本身是否變成了你的負擔，甚至造成你的成就不足？或是你的內心有種恐懼，讓你不敢發揮天賦，實現夢想？

可惜的是，當我們深入探討箇中原因，發現越有天賦的人，越容易陷入這樣的情境，成為低成就的族群。針對高中資優生做調查，很讓人驚訝的是：百分之五十的學生在大學表現不佳。這樣的統計數據令人錯愕和不解，然而學業成績只是潛力受限、表現不如預期的一小部分而已。

當天賦異稟的人在無意間揮霍他們非凡的才能，渾渾噩噩生活，難免引起人們的關注。你可能聽過某人ＩＱ很高，大學一帆風順，也漂亮的完成論文，就快要拿到博士頭銜，只剩下口試這一關，但他在最後關頭卻放棄所學，成日放蕩不羈，年紀輕輕就酗酒身亡。或是你可能聽過才華洋溢的作家或天才音樂家，也是這樣揮霍天賦。

然而「低成就」並不限於特別有才華的人，也不一定會造成嚴重的後果。很多才華洋溢的人就算自我設限，卻也甘於平凡。大部分的人都會說，當初只要再努力一點，就可以做得更好，覺得自己已經完全發揮潛能的人，幾乎少之又少。

就算你沒有落入上述自我設限的行為模式，還是可以了解抑制潛力的狀況。不論是有意的選擇或是無意的懈怠，不論程度的輕重，如果你忽視個人的雄心，不肯全力以赴，並接受低於自身期望的成果，那麼你就是妨礙了自身的可能性，限制了自己的人生。

逃避，真的可以換來永遠的自在嗎？

辛蒂今年三十七歲，約會頻繁，卻從不考慮結婚。除了一次撐過三年的戀情之外，她所有的交往都不超過一年半。

一直以來，她等待著靈魂伴侶的出現。最近，那個人出現了，危機卻也浮出檯面。對方多才多藝，很關心她，她也深深被他吸引著，但這種陷入的感覺，卻在辛蒂的內心引發強烈衝擊，直逼她檢視以往的感情關係。她開始了解，一段真實的感情關係是有可能存在的。

辛蒂自認在她的人生中，尚未成就什麼有意義的事。她的房地產事業起起伏伏，雖然算得上是一個成功的業務員，但那卻不是自己的興趣。她了解該是改變的時候了，她正在抉擇的十字路口。

注視著窗外，眼神陰鬱，雷諾摸著鬍子說，也許當初不應該放棄想當教授的念頭。他有點激動的說，當初他以為這是他的天職，他喜歡那樣的工作環境及氛圍，還可以春風化雨教育莘莘學子，他甚至很嚮往住在大學城的生活。然而，唸研究所的時候，他發現博士課程非常狹隘，而且教授都非常自大。

他換了幾次主修科目，數度休學，整個高等教育體系在他眼中大有問題，讓他覺得困擾。停下來再次評估自己的目標後，他決定從事可以體驗真實人生的工作——在維京群島當酒保、在丹佛開計程車、擔任泰國和柬埔寨團的導遊。他始終相信，旅行是最好的學習，大街小巷處處是教材。他隨時寫日記，想像有一天可以成為旅遊紀錄片的題材。

在短暫的醫學預科課程中，他認識了護理系學生蒂娜，進而相戀。為了節省開銷，他們開始同居，然後結婚。之後，蒂娜的工作支付了大部分的開銷，讓他們可以自在生活。但漸漸的他開始感覺到她的不耐煩，連他自己也感到不耐煩，他應該要走得比現在更遠、混得更好才是。

為了支付學生貸款，他接下了藥廠業務的工作，卻老是和內科櫃檯人員暢談人生哲學，沒有積極的去跑業務。他從沒放棄回去唸研究所的念頭，但心裡更清楚，這樣一來將會耽擱更多時間，累積更多債務。三十八歲的他感到時間的流逝，他希望以往累積的人生經驗，可以在某方面派得上用場。

史黛西非常有魅力，朝氣十足，非常「年輕」的四十六歲。她是個素食者、有機園藝家，經常運動健身。十幾歲的時候，前方有無限可能在等著她，她是個好學生、才華洋溢的畫家、優秀的體操選手，游泳和潛水的表現都非常傑出、舞也跳得很棒，但她卻慢慢荒廢了這些才藝。舉例來說，她放棄體操，只因教練鼓勵她參加正式比賽。為了要繼續學舞，她晚了一年上大學，但之後有專業舞團延攬，她卻突然放棄跳舞，跑去唸大學。後來她休學了，二十年沒再回學校。搬到聖地牙哥後，她換了許多工作，像是空姐、酒吧女侍、房地產經紀人、有氧運動教練，並以銷售護膚產品和食療養生商品為副業。非常會做菜的她曾經認真考慮開家素食餐廳，但到最後關頭又因為太費時費力而作罷。四十歲那年她搬到灣區，斷斷續續在健身中心工作、包辦外燴、規畫包括營養菜單和按摩治療的完整課程，但從沒發展成專職。只要她開始著手的事，幾乎都可以做到頂尖，但她的興趣從不持久。

深入訪談之後，史黛西坦承她長久以來的夢想，就是成為一個舞蹈家。儘管一直從事舞蹈相關工作，但她從未達成這個目標。當我問她為什麼，她將手放在胸前小聲的說：「如果，到最後我才發現自己不喜歡，或是我根本不是那塊料呢？」

史黛西的生活從不乏色彩。她選擇了自己的路，並從中累積許多經驗，她從不後悔。但她一再地在人生的重要關頭，選擇用安全的方式逃避。和同年齡層的人比起來，她覺得自己不夠成熟，也不夠有成就，遲至今日她才有所體認。她想結婚嗎？生小孩會不會太晚？要不要擁有自己的事業？她明白自己再也不能閃避這些問題了。

在追求理想的過程中，難免會遇到必須提高賭注或做出重大承諾的時候。面臨這些考驗時，辛蒂、雷諾和史黛西一再選擇退後觀望，最後也付出了相當的代價。

曾經聽過一個驚人的事實，藝術學院的畢業生中，大多數人最後一次的創作，居然就是他們的畢業展作品。離開學校之後，遠離了教授、作業壓力、課業期望、同儕競爭，以及支持他們創作的環境，他們便停止創作。該如何解釋他們放棄了近乎生命中心價值的東西？他們最後都告訴自己天分不夠？或是從「藝術系學生」到「藝術家」這條路本來就是令人氣餒的？

有些藝術家、運動員、作家、音樂家或數學家放棄了他們的天賦和熱情，因為他們選擇追求其他更重要的東西，或是改變表達的形式。但更普遍的原因是，他們面臨抉擇，卻選擇逃避下一個階段的承諾，因此放棄了這些在不知不覺當中豐富他們人生的興趣或天賦。

放棄機會，你敢保證將來不後悔？

每個人或多或少都會面臨抉擇。該追求更深入和主導的人際關係，或是滿足於當下流於表面卻比較安全的關係？應該接下責任更重大的新職位，還是維持現狀？要選教授很「機車」、但很有挑戰性的課，還是教授給分很大方的課？

面臨重大抉擇時，選擇觀望退縮其實是人之常情，甚至是合理的反應。你會告訴自己，你就只有這麼多時間、精力，為什麼不走輕鬆一點的路？更何況，人本來就無法在各方面都出類拔萃。有時你必須重視現實甚於熱情，以悠閒代替努力。而且，如果你投入了心力，結果卻失敗了，那該怎麼辦？反正你就是想得出一堆理由說服自己，為什麼要當個工作狂？為何不好好享受人生？

一旦有了這種想法，下次面臨抉擇時，你會用同樣的理由說服自己。然後你會養成習慣，選擇比較不用付出太多、比較不具威脅的路，一次又一次的放棄機會，無形中限制了自己的滿足和幸福，生命也漸漸失去光彩。如果你慣性放棄那種追求過程才有的愉悅，不去學習對你有意義的東西，到最後你會變得呆滯無神。許多中年危機都源於自我認知而產生的焦慮，後悔當初錯失了多少機會，不明白為什麼就這樣放棄了自己的夢想。

有時你需要一段時間，才會了解自己有多麼隨波逐流、避重就輕。你甚至很享受抗拒命令的感覺，覺得可以躲掉工作是很聰明的事，自認足智多謀，腦筋比那些埋頭苦幹的人更靈活，嘲笑他們枯燥乏味的人生。如果你以漫無目標自豪，或是選擇了無風無浪的安穩人生，那麼你可能會將自己的抵抗視為一種原則。有些HPPs進入中年之後，還會滔滔訴說著自己曾經躲過什麼事、用了哪些花招騙過什麼人，好像那就是他們人生的精華了。

面對想要啟發他們的人，HPPs常常表現出一種模稜兩可的態度。很多大企業投注心力在員工訓練或獎勵制度上，但是後來發現這些關於職場技能和時間管理的研討會、職場表現評估、心靈交流的談話、各種處罰或獎勵制度等，都無法影響這些習慣自我限制的族群。激勵鼓舞的方法成效有限，有時還會引起反效果，反而更加深他們的抗拒心態。

因此，試圖幫助他們的人最後都放棄努力，抱著模糊的期待，希望這些人可以獲得幫助，重新站起來。其他人則乾脆放棄，把低成就族群定義成「沒救的人」——不能、也不願改變的族群。例如一九九八年，福特汽車公司便選擇花錢請這些聰明卻低成就的員工離職。

如果你常被密切提醒「具有某種天賦，應該有所作為」，那麼，你也可能拒絕改變。有時候我們很難分辨什麼是**真正**想要的，什麼是**不**想要的，因為這牽涉太多外在的期望和壓力。然而，你必須在心底有條明確的界線，一旦釐清了，你就會像其他人一樣渴求改變，朝著目標挺進。

不管你現在走到哪裡、已做了哪些嘗試，本書提供了幫助你真正進步的必要步驟。想要有顯著的轉變，就要先了解你真正的敵人。

故意選擇「低成就」的人

並不是所有的HPPs都會變成低成就者，有些人或多或少還是發揮了潛力；但更多的HPPs故意選擇低成就的人生，或是在無意中為人生設限。本書針對的，就是這類因為自我設限，導致低成就的高潛質族群（Self-limiting High Potential Persons，簡稱SLHPPs）。

- 你在各方面都限制自己發揮的程度。就算透過考試，或是經由專家肯定了你的才華，你也不去發展這項天賦，成為一個創意十足的廚師、優秀的技工、厲害的運動員或是傑出的教師，這種行為就叫作「自我設限」。沒做好「自己可以做得好」的事，就是一種自我設限的行為。

自我設限的行為是一種「選擇」，這個結論可能和你的人生經驗完全相反，你甚至覺得被扣上了罪名，想不出自己曾經做過任何限制成就或自毀前程的決定。你可能也覺得，現在的情況絕非自己所願，你相信自己已盡了全力追求成長，只是運氣不好或環境不佳。也許，這兩者都是真的，但造成今天的誤差狀況，你的選擇也是不可或缺的因素。

首先，你不一定了解或意識到「選擇」的存在，你可能已經做了選擇卻不自知，甚至當你決定不去選擇時，也是一種選擇。

其次，大多數的人對於自己習慣做的事早就習以為常，你可能認為自己並沒有選擇去限制什麼，這就是你本來的樣子。然而你從沒想過，在「做自己」的過程中，你也做了很多選擇。現在你覺得正常和自然的部分，曾經也都關乎選擇。當你對選擇的本質有所認知之後，你就有機會再做出一個新的決定。

試著把手錶拿下來，戴在另一隻手上，維持一整天，看看會不會不自在，感覺有什麼不同。當然，手錶戴在哪一邊，只是習慣問題，跟你的天性無關。你不妨觀察自己擦護手霜或刮鬍子的方式、洗澡時進出浴缸的方式，並試著用不同的方式進行，看看自己感覺如何。我要強調的重點是：你會持續一些沒用的、自暴自棄的習慣，只因習慣成自然；也會拒絕一些有益的轉變，只因為它們一開始感覺很怪。

不論是不是天性使然，限制你自己、不做完全努力，就是一種自暴自棄的行為。前面我們已經看過奧古斯特和查理的例子，以下還有更多自我設限的例子：

確信自己化學期末考一定過不了關，奧菲利亞決定不花時間準備。當然，她也真的沒過。

克里斯非常痛恨上台，因此拖了很久才完成重要提案的幻燈片，他沒什麼準備就上場，報告當然很爛，也沒機會再來一次。接下來的員工考評中，這件事被記上一筆，他被要求交出一份自我改進的報告。年終獎金也低於他所預期。

戴蒙今年十九歲，即將轉學到一所新大學就讀。他必須在六分鐘內跑完一英里，才有機會加入水球校隊。從未在七分鐘內跑完一英里的他，有三個禮拜的時間準備，卻始終沒上跑道好好練習。他媽媽曾是游泳選手，這給他很大的壓力，所以他寧願把水球當作興趣就好。

在棒球上的優異表現，讓艾德得到全額的運動獎學金，進入著名的大學。但他在第一個球季開始前就休學了，因為他和教練鬧翻，也不喜歡校園的感覺。他放棄獎學金轉學他校，才知道轉學條款限制他出賽一季，非常生氣的他不想等了，再度轉學。一年後，當他註冊進入一間兩年制的大學時，他還是一事無成，也沒參加過半場比賽。

長期失業的丹是個電腦工程師，他抱怨面試時受到不平等待遇。在治療過程中我發現，靠太太的收入過活雖然讓他感到很不安，但他仍不確定是否要回去工作。不想處理這些感覺，也不想跟太太討論，他就這樣持續拒絕一些小公司的邀約，同時告訴自己和太太，他一定會再找個工作。丹自暴自棄，企圖讓太太相信他是受到誤解，而現在找不到工作，也不是他所能控制，或許是因為公司不能賞識他的才能。事實上，她了解他的矛盾，以及他想要掩飾的心態，但他從不坦誠說出自己的想法，已經危及兩人的關係。

像丹這樣的自暴自棄，是一種在不知不覺中引發的危機。有些自我設限的後果立刻顯現，有些則要經過一段時間才看得出來。以下是人們日常生活中自我設限的模式：

- 他們隱約感覺到，有些東西好像不見了，他們感到空虛和失落，但並不深究原因、找出解決方法。有些人就是不想深入探索自己的好奇心、興趣、雄心或天職。因此他們的生活失去力道與重心，沒有使命，也沒有熱情。
- 有些人覺察到自己的願望，但將它束之高閣，變成一種「假設的可能」，彷彿擁有夢想就足夠，真要付諸行動，簡直是不可能的任務。一位好友三十年來的夢想就是去南極旅行，他老是興致勃勃的談論著捕鯨台和破冰船，直說哪天能親眼見到該有多好。但夢想永遠停留在「要是能去南極，不知該有多好」的階段，從未往前跨出過一步。

■有些人跨出了一些，他們研究過追求夢想的可能性，但很快的便放棄遊學、學吉他，或像傻瓜般捏陶等心願。他們沒有堅持下去，將拋棄夢想視為「長大成熟」和「落入實際」的象徵。或是以年紀大了、年紀太輕、已經結婚、還沒結婚、都離婚了、膽量不夠為理由，放棄追求夢想。

■有些人非常確定，也許現在還做不到，但等到「環境允許」，他們就會行動。但環境的壓迫一波接著一波，因為種種原因，永遠都不是「最好的時機」。他們從來沒有放棄，只是從未「開始」。

黛兒翠今年四十二歲。四年來，每季她都會拿著市民藝術課程目錄，把「初級繪畫班」的項目圈起來。連續十六期她都計畫報名參加，但每次都讓期限過去。有一次她甚至已經匯出學費，但最後關頭還是退縮，要求退款。

相反的，有些人是成功了，但他們靠的是天賦和服從，而不是憑藉熱情。他們不必太投入，生命不必太有意義，也不一定要完全發揮潛力，就可以平步青雲。

吉姆是個大學教授，已婚。他說：「我已經快四十五歲了，從來沒有盡全力完成過一件事，因為那都不是我想做的事。我克服困難，達成別人對我的期望，但我懷疑是否曾經為自己活過一天。該是改變的時候了，我希望找到一件可以激發我熱情的事。」

吉姆事業有成，因為他堅守在權威傳統的學術領域。但他從不曾體會過那種由內心驅使的狂熱狀態。他遺失了某件重要的東西。

仔細想想你的情況。拿出紙筆，寫下你在哪方面限制了自己的能力，然後檢視這張清單：你是怎麼削弱自己的？在需要正式的場合，你是否太過隨便？需要紀律時，你是否太過懶散？你是否明知該用輕鬆點的方式進行比較好，卻還是過度嚴苛？你做事是否拖拖拉拉，沒有全力以赴，或老是趕不及最後期限？

你的清單中可能包括了從「不準時」，到「因為害怕失敗，所以決定不去嘗試」等各種狀況。注意自己是「什麼時候」、「在什麼狀況下」做了這些抉擇的。特別留意那些可能會危及你的財富地位和自我形象、因而你選擇放棄的部分。

就這樣，你困住了自己

自我設限的高潛質族群（SLHPPs）總是一再重複自我挫敗的做事方式。如果你習慣性的在某個重要領域中限制自己的成就，那麼，在其他領域你也可能會裹足不前。這樣的傾向，將會導致全面性的**自我設限行為**。然而，自我設限沒有固定的模式，你可能在自己或別人身上，發現多種符合的特性。以下敘述未必羅列出所有的可能，只是讓你了解，在日常生活中，人們習慣性的會避免或流失的機會。

沉睡者（Sleepers）：這些人成長的家庭或社群沒有高成就典範。他們對自身能力沒有太多認知，因此長久以來，他們都沒有察覺自己的天賦，甚至永遠也沒想過要去探索。

多明妮克今年三十四歲，在南部小鎮長大。雖然她是個好學生，篤信福音派的勞工階級雙親卻不鼓勵她唸大學，不想讓她太有主見，所以很少談論她的聰明才智。因此，雖然她知道自己滿聰明的，也很想唸大學，但從來沒機會衡量自己真正的能力。她的父母沒有能力讓她去唸聖經學院，又很怕她受到世俗無神論教育的影響。

之後多明妮克在軍中服務，快三十歲才進入大學，入學測驗的優異成績讓她進入優段班。如今，成為國小老師的她很迷惘，不知這個選擇是否背棄了自己的熱情和理想。

缺乏支持、機會和輔導，是「沉睡者」無法在早期就發現自己才能的原因；一方面也是因為父母不想寵壞他們，或讓他們自我膨脹。有很多人像多明妮克一樣，最後選擇跨出一步，自我探索。有些則是一直沉睡下去，不去探索自身的可能性。

漂流者（Floaters/Coasters）：這些人知道自己的能力，也看見了機會，總是有人在向他們招手，但他們很少真正採取行動。有些人反覆猶豫，遲遲不肯加入，更有人直接表現出情緒化的退縮、懶惰、缺乏雄心。「漂流者」的主要人格特質是消極、缺乏上進心，凡事都不想投入。

戴夫今年三十八歲，感覺自己一事無成。他的志向不大，也不太留意自己的好奇心和興趣，只想毫不費力的唸完大學。那時他覺得校園電台很有趣，想找天過去看看他們在做什麼，但直到畢業他還是沒有把時間空出來。

他還讓很多事就這樣「過去」了，包括有人邀請他參加辯論比賽、教授提供他加入研究計畫的機會、兩段非常有希望的感情，都是這樣付諸流水。這些機會都需要他採取行動，但他就是沒有動作。想到這些被他放掉的機會，他覺得非常痛苦。

戴夫主修貿易，不過並沒什麼特別的原因；之後從事業務相關工作，沒什麼熱情，也不怎麼成功。幾年來人們不斷建議他去做很多有趣的事情，這些機會都需要他積極參與，但他覺得自己沒動力。最後他總結：「也許我跟這些事情無緣。」

像戴夫這樣的「漂流者」，上進心不夠，安於固定的人生，只因為這樣比較愜意和簡單。他們也可能平庸的游走於社會邊緣，毫無成就感。他們通常透過朋友推薦或是態度隨緣，從未自己主動、積極的尋找工作。理想抱負只是人生的點綴，因為目標似乎遙不可及。結果，他們從沒採取行動、沒有經歷意義重大的轉變，即使是只差一點努力就能成功的事，他們還是選擇放棄。

進退兩難者（Checkmates）：這種人通常懷抱多元卻矛盾的理想，所以總是無法達成，他們因而感到絕望而動彈不得，覺得不論自己多麼掙扎努力，還是無法衝出逆境。「進退兩難者」並不消極，只是無法從眾多分歧的願望和理想中脫困而出。

娜蒂亞今年三十五歲，她同時掙扎於四個重要的心願，弄得自己心力交瘁，因為專注於一個，可能就必須淘汰另外三個。她想要有個小孩；也希望更專業，轉換工作跑道；又想要先把廣告業放在一旁，回學校攻讀心理學碩士，考取婚姻、家庭和兒童諮商的執照。但另一方面，她又想維持現狀，繼續留在公司和同事一起打拚，因為這些人尊重她的創意，幫助她的事業起步，薪水也很不錯。

像娜蒂亞這樣動彈不得的人，通常都是完美主義者，因為不自覺地害怕轉變，而使得他們根本不可能改變。「進退兩難者」來接受治療時，通常都帶著矛盾複雜的情緒，很懷疑有方法可以解決他們的問題，對於「改變是可能的」這樣的建議感到恐懼。很多SLHPPs會挑剔每個解決方法、每條路、每種可能性，讓自己陷入左右為難的狀態，因為如此一來他們就有理由可以不必行動。

絕不冒險者（Extreme Non-Risk-Takers）：這些人畢生追求的，就是將冒險減到最低。這不代表他們的人生枯燥乏味，只是有時略顯平淡。他們盡力避免失敗，自甘追尋沒有挑戰性的工作、感情和活動，不肯面對自己真正的興趣。史黛西，之前我們提到的那位素食的舞者，就是典型的例子，她從未試探自己的極限潛力。

有些「絕不冒險者」會將自己的夢想崇高化到甚至不容許自己去追求，生怕一旦失敗將會破壞這完美的形象。他們的恐懼一方面是覺得自己不配擁有那樣的夢想，一方面則是害怕失望。不管是哪種狀況，他們寧願不去多想。

拖延者（Delayers）：這種人將「拖延重大決策和承諾」視為他們生命的主題。不是因為有什麼長遠的考量而避免某些行動，「拖延者」基本上是拖延**所有**的選擇和承諾，不分大小。他們總是反覆思量，什麼事都想稍後再決定，所以他們拖延、錯過期限，待辦事項堆積如山。

除此之外，「拖延者」不想長大，他們想要逃離大人世界的價值觀，例如持之以恆、承諾、投入和認真。他們是SLHPPs中拒絕定下來的一群，可以拖多久就拖多久。他們對很多事都是淺嘗即止，一知半解的嘗試一些可能性，卻沒有全心投入。

功虧一簣者（Stop-shorts）：這些人懷抱著理想、知道自己的能力，也有明顯的進步，但他們避免完全達成目標。他們害怕完成人生的某個階段、扮演某些角色，或承擔某些責任，因為這代表他們已經完全實現長久以來奮鬥的目標。

「功虧一簣者」總是努力到某個程度，卻頑固的保留差一點就成功的努力，凡事都差了臨門一腳。譬如說他們修完了課程，卻不完成論文；拿到了執照證照，卻不從事相關行業；唸完了法律系，卻從來沒上過法庭；度過寫作的瓶頸，還是無法完成小說等等。他們以各種方式，在自己擅長的領域裡扮演邊緣人的角色。如此他們便可以阻絕要求和期望，減緩內心的恐懼，避免自己筋疲力竭或壓力過大。

有時他們無法跨越的障礙，甚至是不可思議的瑣碎小事。

瑪拉今年三十一歲，在一家知名大學的郊區分校完成了碩士學位。後來學校當局決定結束分校，他們請畢業生與校本部聯絡，以取得正式的學位文憑。五年後，瑪拉還是沒有跟當局聯絡。

有些「功虧一簣者」幾乎已經盡了全力，但他們喜歡在達成某種特殊成就前，預留一點空間。最常見的就是那些完成博士課程，卻沒有完成論文的人，他們的名字被冠上Ph.D.A.B.D.（獨缺論文〔All But Dissertation〕博士），彷彿這是一個獲得承認的學位。

基於完美主義和焦慮的心態，「功虧一簣者」不允許自己達成目標，只因為一種自己也無法解釋的恐懼。

自我懷疑／自我打擊者（Self-Doubters/Self-Attackers）：這種人凡事都設下自己幾乎無法達到的超高標準，所以他們很少奮戰，也因此阻斷了成功的路。但他們不會歸咎於他人，反而選擇毫不留情的批評自己的錯誤和失敗，對自己已經**做到**的部分卻不屑一顧。通常他們的野心很大，但因為他們只能容忍完美的理想，所以不允許自己享受局部的成功，也因此失去嘗試的動力。

很矛盾的是，「自我懷疑／自我打擊者」也會以自我批評的方式，來為自己找藉口。藉著非難自己的過程，他們要說的是：「雖然我沒有成功，但至少我並不接受這樣的自己。」讓自己化身為最嚴厲的批評家，只做最低限度的努力，卻又不甘於平凡。然而他們知道，自己其實已經身處另一種形式的凡庸。

如果他們卓然有成，這些人會覺得是因為僥倖，不值得一提。他們覺得自己不配得到讚賞，因為成功來得太簡單或太快，沒經過大師指點，也沒經過業界翹楚的認證。他們反而是擔心自己沒把事情做好，而被別人批評。

這種人避免要求和期望，因為他們害怕達不到自己的標準，所以無法適時的做出承諾。「自我懷疑／自我打擊者」通常落後他人，然後變本加厲的批評自己，怪自己既不能持之以恆也不可靠。雖然他們害怕失敗，成功卻近乎是一種懲罰，因為它會帶來更多的期望和要求。這些因素讓他們變得焦慮、困窘而筋疲力盡。他們是背叛自己才能的逃兵，也是自身成功的受害者。

表面功夫者（Charmers）：他們是「好人界」的國王皇后，待人處世滿懷善意，卻傾向運用人際關係做為努力的替代品。他們總是一派輕鬆，不像其他人一樣認真；事情搞砸了，就用一種逢迎的幽默化解批評責難，因此常給人不可靠的感覺。他們總是錯過期限、開會前準備不足、作業沒做完等等。他們頻頻道歉，甚至讓你覺得是自己當初沒把事情的嚴重性說清楚。

「表面功夫者」常在開始時做出漂亮的承諾，最後卻無法實現。所以他們常常在計畫進行中突然消失，沒有一通電話或任何解釋。事後他們將自己的失蹤怪罪於他人或計畫本身的缺失，還企圖表明自己的初衷，說他們當初有多麼躍躍欲試。當他們不想參與的時候，為了不想失望，也不想被當成不可靠的人，因此他們往往期望計畫泡湯或是其他人出錯。有時用電話和電子郵件都聯絡不到他們；即使聯絡上了，他們的態度也很冷漠，甚至還會惱羞成怒。

在工作面談的時候，他們靠著自己十足的說服力，有時就算不適任或準備不充分，也能安全過關。他們試著用「創新」為理由，以一種幽默的方式，聲稱自己是從另一個角度切入來看問題。

有些「表面功夫者」很好相處，只是常利用自己的魅力，去化解艱難的溝通問題。另外有一種人，故意運用魅力指使他人處理吃力不討好的事情，或是掩護他自己的過失。這種人巧妙的運用甜言蜜語和策略，吹牛也吹得不留痕跡。日子一久，公司內的人會逐漸無法信任他們。善於操縱的「表面功夫者」有技巧的運用權謀，只為了在體制內生存。

超級冒險者（Extreme Risk-Takers）：這種人充滿活力、活潑開朗，而且個性衝動。他們總是挑戰太多不必要的冒險，因而限制了自身的成就。他們偶爾會有戲劇性的成就，但卻無法持久，因為他們不顧一切的橫衝亂撞，成效一定有限。這種人寧願光榮陣亡，也不願以持久努力獲得成功。前面提到那個自學的電腦專家查理，就是一個例子。這類型的人有時會進行不必要的冒險，以此來逃避他們不想要的成功。電影《千萬風情》（*Tin Cup*）中，凱文・科斯納就是飾演這種人：一個俱樂部的專業高爾夫球員，每每挑戰極限，技藝驚人，但最後還是放棄了美國公開賽的機會。

反抗者（Rebels）：「反抗者」積極的向一切抗議，反抗權威。他們總是懷疑別人要利用或控制自己，因此他們奮力抗爭，或是直接拒絕服從。傑克．尼克遜在電影《浪蕩子》（*Five Easy Pieces*）中，就是飾演這樣一個叛逆的角色。他出身於藝文世家，小時候是個鋼琴神童，但之後覺得自己達不到父親的期望，拋棄了原有的生活，到加州的貝克斯菲爾德附近的油田做苦工。

麥克今年三十一歲，他很恨自己的IQ高達一六〇，因為大家都期望他在學校有好的表現，因此高三的時候，他故意讓足球成績差點不及格。對於父母理所當然的要求，他感到莫名的憤怒，根本不想盡力表現，不想讓他們有機會說「我告訴過你了吧」或是「真是太好了，天生我才必有用」之類的話。麥克不想讓步，他認為這是「捍衛自由」之戰。

所有的低成就者會在某種程度上拒絕服從別人的要求，或是只付出最低限度的努力，從不把要求當作探索自己能力的機會。不過，只有少數人會像「反抗者」那樣，強烈表達他們的叛逆。

懷才不遇者（Misunderstood Geniusses）：他們總認為自己才能出眾，之所以無法成功，都是因為別人的誤解、嫉妒和無能。他們總是用各種理由當藉口，辯稱他們的想法不符合主流市場、太過前衛無法為世人接受，所以得不到他們需要的幫助。殊不知真正的天才在他們的時代都不被世人接受，但像梵谷這樣的天才還是設法創作。

「懷才不遇者」的性格喜怒無常，常在舞台、法庭、運動場等各種場合情緒失控、亂丟東西，以情緒化的表現分散別人對自身缺失的注意力，暗示是因為別人的錯誤才造成自己的失敗。他們戲劇性的演出同時也是要昭告眾人：他們真的很想成功，而他們是多麼努力的在嘗試。

寧缺勿濫者（Best-or-Nothings）：這種類型的人通常都非常有才華，對他們而言，成功如果不是唾手可得，就是完全無緣。如果有任何可能會屈居第二，他們就寧願不要參與。如果事情的發展危及他們的權威，他們會馬上放棄，因此這種人從不輕易冒險。但因為他們很有野心，所以不會放過可以獲得高成就的挑戰。「寧缺勿濫者」是不切實際的完美主義者和堅不退讓者，他們認為應該要儲存自己的實力和努力，用在值得的事情上，而不是把精力消耗在平凡的目標上。他們並不自暴自棄，但傾向窄化自己的人生，只參與少數自己擅長的活動，因此在他們人生的過程中，不斷錯過許多有趣和令人開心的事情。

上述哪些行為模式讓你覺得非常熟悉？你認識任何抑制自身潛力的人嗎？你自己呢？還是你從配偶或情人身上，反省到自己也有這些習性呢？

勇敢面對人生的問號

所以，當人們以健康的方式發揮潛能，將會是什麼樣子呢？難道生活就不再有趣，他們也失去了迷人的特質嗎？

才不是呢。赫曼・赫塞（Hermann Hesse）的《流浪者之歌》（*Siddhartha*）中，年輕的悉達多一直在追尋人生的圓滿，終於在當渡船人的時候洞悉真我，領悟到人生的真諦。他的成就是一種內在的勝利。發自內心想要的簡單生活是種選擇，踩著別人的頭往上爬也許是他人的夢想，但對你而言，卻可能是永遠得不到滿足的孤單。

任何公式，就算是本書傳授的祕訣，也無法操控你的目標、渴望、幸福和圓滿。不過當你開始了解，並懂得發揮潛能，不知不覺中就會有以下的轉變：

- 設定更高的目標，並投注更多的關心和努力，經營自己在乎的事情。不再一味順從，也不會抱持著「有就好」的心態，讓自己屈就於平凡。
- 不再幻想，也不想賭上自己的人生，不再想著哪天會奇蹟式的成功，不指望別人來收拾殘局，不再找各種藉口。相反的，開始向前走，接受挑戰，從錯誤中學習，就算在實現理想的過程中有所恐懼，也能處之泰然；不再為自己設限，也放棄那種自毀式、瘋狂接受挑戰的行為。

- 感覺更自由、更輕鬆、更快樂、更熱情、更率直，同時對事情更有好奇心、更清醒、更認真投入。為了自我成長、測試自己的能耐，接受新的冒險，挑戰自己的極限。原本充滿疑懼的生活，轉變成為以學習為驅動力的人生。
- 為了有更多時間從事自己的興趣，做事更有效率，對於該盡的義務和責任也能有條不紊的完成。你將體認到時間是生命中無法購買或挽回的寶物，所以對時間的運用也更加認真。
- 你將明白，不論自己多有才華、不論自己選擇哪一條路，人生難免會有進退兩難、困惑和受到考驗的時候。你不一定解決得了所有問題，但不再慣性逃避，而是將其視為學習的機會。

「改變做事的態度和方式」，認清這樣的先決條件，就是自我進步的開始。你需要聚焦檢視自己的人生，以及自己運用時間的方式。如果你願意果敢明確的進行檢討，一定會從中獲益匪淺。

大部分的人都想要過自己的生活，如果你持續激勵自己去達成更高的標準，追尋一個值得自己努力的目標，你會放棄以往的弱勢和被動，轉而追求更令人滿意的成績，不會為了事業犧牲個人生活，也不會為了個人生活犧牲事業，而是所有事情都盡力表現。但是，你必須**真心想望**這樣的生活，才會奮力去追尋。幸福不會自己出現。

你是成就自己人生的專家嗎？你了解自己的才能嗎？在你的內心深處，是否一直壓抑著某些東西？你的人生在各方面都讓你感到空虛嗎？

如果你繼續將目標設低，等於是過著刪節版的人生。就像一個天真的小孩原本依循自然本性，一旦融入人群，在恐懼與潛移默化下接受了一套標準，在心裡採取了一些自我保護的做法，你將漸漸失去個人的獨特氣質，荒廢了自己潛在的可能。你盡力融入人群，卻沒有注意到內心被壓抑的東西。

更多，是可能的。如果你讀到這裡，也許你想要的更多。

第 2 章
孕育平庸的搖籃

也說不出怎麼變成這樣的，就是在睡意迷濛中遠離了正確的方向。
——但丁《神曲》Dante Alighieri, *The Divine Comedy*

當她走進房間時，整個氣氛為之一振，家人簇擁著她，就像大明星來了一樣。在舒服友善的氛圍下，全家開始聊起天來，沒多久，我就看出是誰在主導對話——十五歲的艾美，總是在家人聚會中扮演起這樣的角色。她不但風趣又有自信，而且非常的聰明伶俐。

家人的態度很開放，幾乎無所不談，直接就切入重點。那天他們到我的辦公室，是為了討論艾美成績表現不佳的問題。艾美的父親道格說，他不想跟她吵架，因為她太可愛了，沒有人想跟她爭執。

道格說艾美的朋友都非常聰明，成績表現也很好。這時艾美也在一旁幫腔，向大家列舉朋友的成績，最後還補充說，她的朋友可不是個個都表現得這麼好呢，讓大家笑成一團。

我問她當別人拿她的表現跟朋友比較時，會不會覺得很丟臉，她的答案非常簡潔有力：「一點也不會。大家都知道我很聰明，我只是沒有努力。」

道格轉過身來用嚴肅的口吻說：「真讓人沮喪，她明明都知道，為什麼就是不去**做**？」我點頭，建議他直接問艾美這個問題。但當他轉過去面對她時，之前的嚴肅馬上消失，只用玩笑式的誇張哀鳴，問艾美為什麼非要逼他扮演「嚴父」的角色，「你明知道我要你做什麼，為什麼不去做？」

不知道能為艾美做些什麼，道格希望用間接和柔性的方式表達他的意見。畢業於史丹福大學、在矽谷有自己的公司、聰明又能幹的道格，應該有能力好好處理這樣的狀況。但他和艾美的處境，正是面對HPPs小孩時處理失敗的父母親典型。而艾美的行為，也是典型的SLHPPs態度，限制了他們的成功。

為了了解SLHPPs的行為，我們必須從他們的童年依存狀態中尋找源頭。兒女早期顯現出的才能，激發了父母和學校當局的反應，因而設定了目標和期望，這些觀念持續影響著SLHPPs對這個世界的看法，以及他們在其中的位置。過低的要求，或是出於善意卻錯誤的努力和協助，將會造成並強化他們日後自我設限的行為。最後，轉變成大人的過程成了最重要的測試階段，考驗他們是接受成人世界的挑戰，還是選擇停留在青少年時期。

道格和艾美在我辦公室的對話，提供了我們一個親子溝通的錯誤示範。道格不願意扮黑臉，他問艾美**為什麼**不好好努力，而不是堅定督促她要努力。不想危及他們之間溫暖的親情，害怕造成彼此的疏遠，他巧妙的避重就輕，避開任何衝突。

由於不想跟艾美翻臉，他屈服於她的反抗，但也削弱了自己身為父親的天職。對於青春期的小孩，父母除了給予支持和親情的溫暖之外，更需要堅定的指導。艾美需要清楚的方向感；如果沒有，就會像她這樣迴避對道格的承諾，也無視於道格對她的期望。艾美私底下問我：「他總是問我為什麼不努力，為何不乾脆**強迫**我努力算了？」因為沒有清楚的指示，她明知道學校的功課很重要，卻從不表現出來。同時，如同典型的自我挫敗行為，她忽視了這對自身造成的傷害。像艾美這樣的 SLHPPs 其實跟其他小孩一樣，面臨共同的成長課題，但她比別人更具天賦，以及進步神速的特質。因此我們必須回到她早期發展的階段，看看哪裡出了問題。

培養出一種新的「慣性」

身為人類，我們的生存限制遠遠少於其他生物。複雜的腦部運作讓我們學習，未來充滿無限可能。但生命的開始不免有些缺點，我們天生在生理上就是這麼無助，小時候毫無防禦能力。能夠完全獨立之前，我們必須先發育成熟，長期摸索學習，致力於兩項努力：了解這世界運作的方式，以及習得必要的技能，讓自己融入體制。我們透過觀察，形成印象，將它們組織成可辨識的模式。之後，我們具備了語言能力，開始接收清楚的指導。在不斷的嘗試和錯誤中獲得技能，從犯錯、模仿、直接的教導和練習中，我們慢慢學習。

有時候我們的觀察力會受到限制。雖然我們的頭腦幾乎無所不能想，但注意力卻不然。對於周遭正在發生的事，你只能專注於一小部分。你必須不斷的集中和轉移注意力，藉此組織事物之間的關聯性，下次遇到相似的情境，你就知道大概會發生什麼事。當然，這種必然的集中和轉移，難免讓你在過程中錯過一些東西。在不斷集中、轉移和觀察的過程中，各種觀念和模式因而形成，然後你得以建構出事情運作的狀況。

新穎的觀念會佔據你注意力中最顯著的部分，直到你接收到更新的資訊後，才會被取代。如果你認知的模式無法持久，你會隨之調整，建構與周圍事件的新關聯。你從不斷觀察中獲得所謂的結論，這是你認知的累積完成。但因為我們無法得知何時才算是觀察夠了，所以觀念的形成其實是一種「信仰的轉變」，你去假設或相信，然後形成結論。每一段新的人際關係、每到一個新的環境，都會經歷這樣的過程。

在你的認知中，簡單的包括白天、黑夜；醒來、睡著；還有飢餓、口渴和飽足感。比較費解的規則需要較長時間才能辨識，其中有些很容易造成錯誤的解讀。學會語言之後，你開始從別人的話語中學習。你的監護人把他們對世界的認知和有限的概念與你分享，一開始你尚無反駁和辨識真偽的能力，但你慢慢會知道，這些人說的話未必是對的，或只適用於某些特殊狀況。

現在，我們將進入核心問題，討論你需要什麼，才能建構出對世界的認知。你需要不斷的體驗，而不是一對一的講解。你建構出概念，如果它們看似可行，便會退居到你意識的後方，不論實際上正確與否。當它們退出你的知覺範圍，變成潛意識的慣性運作，將慢慢變得根深柢固，難以改變。你的推測漸漸變成既定的事實，就像白天黑夜，醒來睡著，或是媽媽的聲音，然後你覺得，這是自己已經了解的事實。

每一種困惑都會影響你對下一次體驗的解讀。所以，你的第一個結論將會左右你的注意力，深深影響你追尋的東西，也直接影響你的下一個結論。如果你越早發展出一個關乎中心價值的概念，那麼更多的價值觀將會從中衍生。因此，雖然你對世界的認知充滿主觀，且必然有所誤差，卻會變得越來越牢固，很難去改變。不過，很重要的一點是，請注意**很難改**變這個詞。「很難」並不代表「不可能」。只要用對方法持續努力，你就能轉變長久以來的信念。

最困難的一點是，隨著時間的累積，你的想法和技能——從吃飯到語言能力、繫鞋帶或是開車的方式——都會變成習慣性的、幾近本能的運作。然而，習慣比本能略勝一籌的是，只要自己能察知並留意，你就可以改變它們。

一個迷人的微笑，就能爭取到便利

當你學著了解這世界，開始培養技能，你的態度一定是積極好奇的。你不斷學習，並且積極主導一切，你就是自己的主宰。當然你也深深影響著你的父母，互相影響的程度不相上下（對父母來說，生育小孩是生命中的重大改變；對一個新生命來說，父母卻是理所當然的存在）。在學習的過程中，你用自己的個性和獨特的方法，不斷的探索和觀察。

史黛拉・卻絲（Stella Chess）和亞歷山大・湯瑪斯（Alexander Thomas）發現了嬰兒身上有九種氣質向度——感受性（sensitivity）、活動量（activity level）、適應性（adaptability）、挫折容忍力（frustration tolerance）、注意力分散度（soothability or distractibility）、規律性（regularity rhythmicity）、情感強度（emotional intensity）、情緒（mood）和趨避性（approach withdrawal）。每個人都有獨特的性情組合，這些特色是你人生初期的基準指標，你以此探索世界，和世界互動。

另外，霍華德・嘉納（Howard Gardner）闡述了人類的「多元智慧論」，找出了人類智慧的七種形式——除了關乎語言學習及數學邏輯等的智商（IQ）之外，還有人際（interpersonal）、內省（intrapersonal）、音樂（musical）、肢體（physical）等智能面向，也都會影響個人學習的方式。不同的性情和智能組合，影響著你的表達、企圖，以及在不同狀況下的應對模式。

性情和智能是會遺傳的，但它們也是可以被修正的。舉例來說，你隨時都可以鍛鍊自己，增強你對挫折的容忍度。但大致說來，性情和智能是與生俱來的，不論日後你做什麼，它們都是穩定而不易動搖的基準。

你的性情和智能不但影響你學習的方法，也影響了別人對你的看法。光是天賦才能就很容易引起大人注意，如果再加上親和的態度，更能讓他們爭相規畫你的人生，督導你的發展，甚至期待日後與有榮焉。我們在輔導過程中發現，很多SLHPPs不論大人、小孩，個性都非常隨和，風度翩翩，魅力獨具。父母帶著小孩來，通常描述了他們的天賦後，會提到他們的個性很隨和，很好相處。「除了學校功課之外，我們沒什麼好抱怨的。」所以我們開始懷疑：他們隨和的態度和社交能力會不會也是問題之一。

心理學家詹姆斯・克麥隆（James Cameron）專精於人類性情研究，他在著名的「少量的阻礙」（The Preventive Ounce）理論中指出，隨和的個性通常由三種性情因子所組成：高適應力（high adaptability）、情緒平穩（low emotional intensity），還有積極樂觀的心情（predominantly positive mood）。適應力高的小孩不會抗拒環境中的變動，所以很少會有情緒崩潰的狀況。情緒平穩的小孩相對的對挫折的反應比較溫和，情緒沮喪的狀況也比較少。積極樂觀的小孩比較大而化之，不會吹毛求疵。結合上述三種特質的小孩，不但很容易適應改變、不會情緒崩潰，也不會大驚小怪。父母要安撫這樣的小孩很簡單，只要把他們的注意力，從沮喪的環境中轉向另一個溫和的活動就好了。

這樣的性情組合，讓父母很放心，也很容易扮演教導的角色。如果這小孩也擁有絕佳的人際關係和自省能力，那表示他們是很敏銳的，運用直覺就可以充分掌握人際關係，也很能觀察人們的感覺和情緒的風向。所以這樣的小孩人緣都很好，父母也非常自豪。這種所向無敵的組合，讓小孩和雙親都獲益無窮。但凡事都有一體兩面，這樣的組合也會產生問題。

以下是我的理解：個性隨和、社交能力強的人，通常會得到別人極大的善意、義務的豁免，或是特別的關照。大家都會幫助他、解救他，很樂意伸出援手。有位SLHPP就說：「只要我個性隨和、待人和善，人們就會給我好處。」一個迷人的微笑就可以幫他們爭取到不少便利，像是延長報告期限、通過駕照考試等等。著迷的情緒中，幾乎難有「客觀」容身之處，這些以子女為榮、沾沾自喜的父母，往往不能客觀評斷自己的小孩，不能從現實面了解子女的需求。相反的，他們就像著了魔似的，一廂情願認定童話故事**一定**要有快樂的結局。

前面提到的道格就是典型的例子。身為隨和、適應力強的SLHPPs小孩的父母，他寧願和自己出色的小孩保持良好關係，讓小孩成為家庭活動的中心。當錯誤的人主導這一切，不管他有多傑出，就算只是短暫的影響，牽一髮而動全身，終究還是會出問題。小孩其實很容易自以為是，這很可能會造成不良的後果。如果你是這種小孩，你需要努力擺脫過度沉迷、過度自我中心的惡習，不該操縱那些本應指導你的人。

HPPs有各種類型，也可能各有不同的性情。但先不論他們的性情和天賦的組合有多獨特，父母親對聰明、有才華的小孩總是引以為傲，不管他們是不是社會適應不良，或常成為同儕笑柄。早期顯現出來的天分，例如就學前就展現出的閱讀、寫作、演奏樂器，或是其他藝術方面的才能、體能上的過人之處等等，將左右人們日後的發展。因此，如果你像我們之前提到的SLHPPs，非常的聰明（我們曾經針對一群十四歲的SLHPPs做測試，他們的IQ平均高達一百五十，而一般人的平均值只有一百），而且多才多藝，代表著前方有無限可能，你的父母也以你為榮。而你，會覺得一切都是理所當然。

這種得來容易的成功，加上父母特別的關注，將形成你對這世界的獨特看法，還有你在其中的位置。

你覺得你是誰？

你建構世界的中心概念，其實就是你對自己的看法：你覺得你是誰。所有概念皆由此衍生。你對自我的認知過程，和你對現實的認知過程是一樣的。你以自身性格稟賦為背景，開始觀察、聆聽和嘗試。從出生之後，你就一直被檢視、被討論、被描述，尤其是針對你的性情和才華。你感覺到父母和其他人對你的興趣，從中判定自己的重要性。雖然我們在九歲之前尚未能夠描繪出世界的全貌以及自己的價值，但這些早期的描述和經驗將是你的自我意識的重要指標。

然而，關於「描述」本身，存在著一個重要的事實：無論如何它們都不會是中立的。所有的描述總是帶有評價的意味。說某人紅髮、四肢發達、天賦異稟……，這些形容不管是正面或是負面，通常都隱喻著什麼。舉例來說，查爾斯·舒茲（Charles Schulz）的知名漫畫《花生米村》（*Peanuts*）中，一個小女孩說人們對她抱有特別的期望，只因為她的頭髮是自然鬈。

重點是，我們的回應通常是針對描述所暗示的部分，而不是字面上的意思。這種含蓄的暗示通常會間接變成催眠性的建議。也就是說，人們對你的描述不只代表他們對你的看法，更代表他們對你的**預期**。如果你被描述成「隨和」、「很棒」、「懶惰」，表示你將來很可能會更加隨和、更棒、更懶惰。舉例來說，「懶惰」這個詞將會引導你：（一）認為將來自己做事很懶惰，（二）認為自己是個懶惰的人，終於（三）不出所料的變懶惰，並導致未來更嚴重的懶惰。被形容成懶惰，等於是將這個價值面向注入你的認知世界，你將會對這個描述很敏感，不知不覺變成你處理事情的態度。不管你想不想如預期般變得更懶惰，你還是很難對這類的訊息置之不理。如果你被描述成「開朗」、「才華洋溢」、「精力充沛」或是「美麗」，這種內在的指引過程是一樣的，要求和期望也會隨之而來。

然而，一旦你認定自己是懶惰的，「懶惰」這個詞還有另一個作用：現在你有正當理由可以不用除草了。這個新的概念將促使你去創造和尋找更多支持這個特性的證據。「你很懶惰」只是解釋你懶惰的行為，而更多懶惰的行為，則可以證明你是懶惰的人。所有描述都是以這種循環的、自我增強的方式影響著你。很快的你會將懶惰視為個人屬性，或是與生俱來的特質，就像天生的藍眼珠一樣，變得理所當然，而且似乎無可改變。

在你每天無數的想法中，大部分都是關於「自我描述」。藉由重複著「我菜煮得真好」、「我實在太聰明了」、「我討厭整理東西」、「我討厭文書工作」、「我是個低成就者」、「我很害羞」等等，你做著符合這些描述的行為（好像不這麼做，自己的存在就不夠確定似的），並且不斷強化這個想法。

一般的理解是，如果小孩感覺到他是重要且特別的，這會成為他積極向上、力求表現出色的基礎。但對SLHPPs來說，過程中卻出了點狀況。到底他們是怎麼了？

被視作與眾不同，也認定自己很特別，做什麼事都輕鬆容易，這會內化為你判斷事物的標準。你很相信人生永遠都會是這樣——你總是可以不費吹灰之力就把事情做好，你是少數的幸運兒之一，你將會繼續這樣完美的人生。

但是人生不會這麼簡單，「天賦異稟」和「聰明伶俐」這樣的描述，往往衍生出複雜且出乎意料的結果，尤其是在學校時期。當你要踏進校門之前，你對世界和自己的認知都還是粗淺的、未完整的、不穩定的。你目前所學到的，除了來自電視，就是從你和家人的相處經驗而來。國小和中學橫跨了你整個童年時期，在這個漫長的成長關鍵期，你對世界的印象難免會有所改變。學校本身就是產生很多決定性改變的地方，很多的偏差也在此形成。

離家學習到怎樣的第一步

那天，在小瑞普肯（Cal Ripken Jr.）的第兩千一百三十一場棒球賽中，他打破了長久以來的紀錄，創下十四年來最令人驚豔的成績。當被問到家人的反應，他回答說，破紀錄當天是他女兒入學的第一天，對他們全家而言，那才是最重要的事，甚至勝於破紀錄本身。先不論小瑞普肯的謙虛，到底為什麼小孩第一天上學如此重要？

學校有正規的要求、設立各式的標準，並從事各種評估的工作。小孩開始上學之後，他們第一次離開了父母的保護圈，走進這個世界，看看自己的評價如何。這不只是小孩離家到外頭學習的第一步，也是父母學習「放下」的開始。在學校，如果只是學業成績好而已，未必就是成功，在學表現更是你將來能否適應社會的早期證據，因為你在學校面臨的各種命令、標準和評估，將形成你看待它們的態度，而你應對的方式將大大影響成人之後的人生。

習慣於自身成就的父母，當然也會期望自己天賦異稟的子女出人頭地，並在無形中將這種自信加諸他們身上。他們似乎覺得，只要幫小孩鋪好路，甚至只要坐著等，小孩就會了解自己的使命，展現傲人的成績。小孩理所當然的也會用完美的標準要求自己。

在學校裡，HPPs的天賦、氣質、過人的體能，甚至是出色的外表，通常讓他們和在家裡的時候一樣吃香。老師偏愛班上的資優學生，教練希望隊上有明星球員，連大人都想引起他們的注意。畢竟，天賦異稟代表的意義就是：做事比較容易，學校功課也不例外。HPPs很少在學校遇到艱難的挑戰，通常都可以輕鬆完成任務。對聰明的人來說，唸書就像呼吸，數學就像遊戲一樣簡單，學校生活就像在天堂一樣無憂無慮。

蘇菲雅很早就知道她比別人聰明。當她唸完四年級的時候，就得到下列三個結論。第一，因為學習騎馬、大提琴、義大利文的過程都是如此簡單，她很確定日後的學習也都該如此順利。第二，了解自己的與眾不同之後，她覺得自己的人生應該無往不利、多彩多姿。第三，她常受到特別待遇，例如不用去上課或交作業，以從事自己專長的活動。所以她開始覺得，特別的人就應該享有特別待遇，也該享有特殊豁免權。

蘇菲雅的結論，就是SLHPPs在小學時期的典型反應。不必多花力氣變成理所當然的準則，所以漸漸的他們也不想付出太多努力。

學校，不只是傳授基礎知識而已，學校教的，還包括人生這堂課。正規教育帶給學生直接、有形的影響，當然也有間接和無形的潛移默化。學校讓我們在特定時段內有計畫的學習各種知識技能，但小孩在學校學到的很多東西往往是課程之外、不分學期的。學校帶給我們的，是正規體制下各種正式和非正式的學習。HPPs對學校和人生所做的推論，來自在學時期的任務需求、規則程序、事情在表述與實際間的差異，以及與學校全體成員的互動，包括老師、工友、秘書和其他同學。

上學讓小孩接觸到各種現實面，包括不公平、墨守成規、制式化、諉過和冷酷無情，此外，還有欺騙、走捷徑、耍手段引人注意，以及靠著疏通或施壓的方式延長期限。

學校會讓孩子們感受挫折與乏味，間接教導他們學習「耐性」、「堅持」等重要的課程，還會盡量提供機會，讓小孩在這個環境中學習合作、忍耐、寬容、想像、創造、表達想法和理念，然而不幸的是，學校並沒有在這些學習領域中，充分激發他們的學習潛力。

這樣的教育，敗事有餘

最糟的是，學校講求一致性的教育方式，會抑制小孩的自主性，並阻礙他們的投入，讓HPPs不知不覺中學到了這樣的經驗：

- **所有人都一視同仁**：非預期的錯誤導向：要普通一點，堅守一般標準就可以，克制你的才智和好奇心，凡事放慢腳步。後果：HPPs覺得凡事欠缺挑戰，不必全力以赴，還花了很長的時間等別人趕上進度。他們感到疏離和無趣。
- **不鼓勵進度超前**：非預期的錯誤導向：每個人都一樣，照著進度走，不要太有好奇心，不要挑戰尚未指定的作業，不要超前預習功課。後果：好奇心和自主性被剝奪，上學變成愚蠢、瑣碎、無聊的事。HPPs失去對學校的尊重。

- **快點完成作業，就讓你去玩**：非預期的錯誤導向：學習是令人不快的，越早結束越好，這樣才可以快點從事休閒活動。後果：在這個重要的時期，聰明的人反而並不投入，因為沒有創新、有趣且富挑戰性的課業可以讓他們盡情發揮。
- **家庭作業只不過是重複學校的功課**：非預期的錯誤導向：學習不是一種探索的過程，老師都很沒想像力，學校也沒什麼東西好學。後果：不想做作業，推卸責任，蔑視家庭作業和學校的一切。
- **家庭作業重「量」不重「質」，不是精簡又有挑戰性的功課**：非預期的錯誤導向：所有的課程一再重複，加上老師無情又有虐待狂，學習簡直就是一種懲罰。後果：憤怒，故意不做作業，養成推諉責任的習慣，痛恨家庭作業和上學。
- **以分數誘因來鼓勵學習**：非預期的錯誤導向：不想發自內心的學習，一定要有人賄賂你或強迫你，才願意唸書。教育當局除了學業成績之外，找不出任何方法評估和鼓勵學生進步。後果：憤世嫉俗的態度。

HPPs對學校的評價和反應不一，從感激、失望、後悔，到輕蔑，都有。通常他們只感激某一兩位與眾不同的老師，對於僵硬的課程感到失望，後悔浪費這麼多時間，對這個只有考試、正確答案和競爭的填鴨式體制感到輕蔑。HPPs常說，是學校削弱了他們的志氣，他們只學到考好成績的方法，卻沒得到發自內心的學習樂趣。

這可不是小孩一開始上學時的態度。當初，我的二女兒迫不及待想從幼稚園升小學，想要像她姊姊一樣做功課，但幼稚園和一年級的課程都無法滿足她，因為他們從不指派正式的作業。直到二年級，她首次被要求寫一篇故事，她非常的興奮。終於，她可以做些什麼了！她花了好幾天寫故事，在家總是不自覺哼起歌來，然後停在你身邊，興奮的告訴你她的故事。在故事完成的前一晚，她跑來問我一個問題，一個我希望她永遠都會問的問題。

「爸爸，我不想結束它，因為我太喜歡這個故事了。」

幾年後，有一次經過她的房間，不小心聽到她跟朋友在講電話，她以一種很不耐煩的口吻說，英文作業規定要交四頁，但其實三頁就綽綽有餘了。真是毫不留情的批判。

大部分的SLHPPs在開始求學時都充滿熱情，然後漸漸幻滅，因為學校的步調太慢，或是其他原因讓他們感到挫折，甚至是受到侮辱。等他們上中學、進入青春期之後，對學校更是充滿批判，尤其是針對社會學或政治課程，因為這些課程宣傳著創新的大美國精神，但學校政策、課堂討論、言論表達的自由都是如此的受到限制，和民主精神背道而馳。

因此，在某種情況下，SLHPPs放棄了學習的樂趣，得過且過，不投入，也不去探索，收穫也有限。更嚴重的是，未來不管碰到任何跟工作、要求或規範相關的狀況，先前提到的憤世嫉俗、凡事抗拒以及不肯盡全力的習性，都將會一直跟隨著他們。

每個人多少有點叛逆

人們終其一生都在想辦法「反抗」。這種莫名的、無法妥協的、對自主性的偏差認知，從兩歲就開始顯現出來，然後在青春期再度發作，這種心態最後很有可能導致他們離家出走。在學校的低成就——特別是針對男孩子——可能從二年級就開始，但到了青少年時期，同儕影響越來越大，似乎關係著他們在這世界的定位，所以和同儕建立良好關係是非常重要的。其中一個獲得同儕認同的方式就是反抗大人世界的要求，而學校就是個實行的好地方。可想而知，HPPs開始在學校表現不佳，通常就是青少年時期。

你可能想起自己也曾經反抗學校的規定，對於需要完成的工作採取不合作的態度。當HPPs開始反抗，尤其是第一次的時候，管理者通常抱著樂觀的態度，覺得那只是暫時的、可理解的反應，再怎麼樣還是比不聰明的學生好。這種一廂情願的想法並不客觀，老師和家長都忽略了這種偏差，殊不知他們需要的，其實只是大人將他們輕輕推回正軌而已。大人的管教過程也顯示出，他們的要求也許是不合適的。

> 布萊克今年四十二歲，他是單車快遞員、喜劇演員兼喜劇作家。記得三年級的時候，有一次他忘了寫數學作業，他的老師只向他眨個眼，一副心領神會的說：「沒關係，你應該都會了。」四年級的時候，他已經習慣在閱讀作業上隨便畫畫記號，因為老師根本不會檢查，畫上幾條重點就可以，不必真的去閱讀那些無聊的文章。

沒有任何老師會刻意縱容布萊克虛應故事的態度，養成他這種從學校作業延伸到成人世界的惡習，但每個老師都有份。當負責要求的成人允許這些聰明的小孩享有特權，他們就變成了掩護罪行的共犯，造成小孩以後只會取巧、不想努力的遺憾。這樣的放縱，也是大人世界「言行不一」的直接示範。

這就是大人所提供的錯誤協助。有時只是一個簡單的行為，卻影響深遠。

> 坎特拉今年二十九歲，在電腦相關行業擔任臨時雇員。小學時她總是班上排名第一的學生。有一次她的祖父母來找她，剛好隔天是她四年級學期作業的繳交期限，她居然忘了這件事。既然是空前緊急的狀況，這項作業又佔了她社會學總成績很大的比例，於是他們全家總動員，包括祖父母全部熬夜陪她，又是爆米花、又是熱巧克力，把做作業變成舒適而難忘的家庭聚會。於是，坎特拉接收到「全家人都支持她」、「全家人都希望她表現好」這樣的雙重訊息。

次年秋天，坎特拉又拖延了另一項作業，她的父母勸她做事要有計畫，然後，大家又開始了最後關頭的解救任務。坎特拉在學校的表現依舊很好，但她感覺得到，父母對她的期望甚至超過自己的，只要該項作業關乎學期表現，他們還是會插手竭盡所能的幫忙。

當家人第一次介入幫忙時，坎特拉學習到世界運作的一個新模式：接受別人援助也是種選項。家長每一次的解救都加強了她規避的心態，因為知道有人會來救她，舒緩了她當時的焦慮。但這也剝奪了她培養處理長程計畫能力的機會。

接下來兩年內，同樣的模式又重複了幾次，她對自己的評價變成「不善於在期限內完成工作，並且需要他人協助」。後來她加入「極限潛能計畫」才發現，不知不覺中，這種總是臨時抱佛腳的模式，已經影響到她的工作。

別被標籤害了你

現在，重點來了。如果只是一味退縮逃避、帶著模糊的期望或需求，被形容為「有才華」，將會產生複雜且不可逆料的結果。只有當人們**清楚的**期待某種成就的情況下，「才華」才顯得有意義。累積的成就無形中增加了有才華者的自信，相對的也讓他們更願意接受挑戰。

然而，如果沒有明確的要求和支持，被貼上「天才」或「聰明」標籤的人，就如同貴族後裔一樣——空有遺傳的優良基因，和實際作為無關。被貼上優秀的標籤，通常會伴隨著**無形的**期望，然而當缺乏**明確的**要求和支持時，這些標籤變得搖搖欲墜。

一方面這些標籤告訴你，光是被稱讚聰明和有才華就夠了；另一方面，被讚美得越久，你就越緊張於將被要求有所作為。**如果時機真的來了，我卻達不到他們的期望，怎麼辦？要是機會來了，卻沒有想像中簡單，怎麼辦？要是別人跟我一樣好，甚至比我優秀，那該怎麼辦？如果我根本沒有這些才華，怎麼辦？**這就是造成人們空有才華、卻不善加利用的元凶。這樣的標籤，讓眾人對他們的未來充滿期待，壓力之大，讓人亟欲掙脫。

隨和的個性和優秀的社交技巧，其實也會產生意想不到的缺點。社交魅力和技巧讓你可以輕鬆獲得特權，而適應力強、情緒平穩、態度樂觀等典型的隨和特質，更讓你在遇到挫折時馬上就轉換跑道，而不是鎖定目標、堅持到底。所以，這些特質反而會造成你做事態度變幻無常、一知半解、膚淺寡智，還有缺乏耐性等缺點。

要有非凡的成就需要堅持，對挫折的容忍度也很重要。如果遇到挫折就習慣性的閃躲迴避，很難養成這樣的耐力。性格強烈的人雖然有時對家長和他人造成困擾，但這股氣勢卻可以讓人在面對困難時繼續挺進，成為活力和堅持的泉源，順利完成承諾。用取巧的方式避開努力，其實跟直接放棄沒什麼兩樣。

在處境艱難的時候還能咬緊牙關、堅持到底的人才能了解，繁瑣重複、辛苦與乏味，其實都有它們的價值。靠堅持而獲得成功的人，最後通常都會取代光有天賦的對手。如果你之前忽略了這些技巧，好消息是：現在開始永遠不嫌晚，你只需要了解到，自己的敵人其實就是自己。沒錯，個性主導了我們初期的發展，但它的影響並不是絕對的，只要盡點小小的努力，就可以調整過來。

像坎特拉這樣的小孩，因為懶散和依賴，無形中影響了她的信用、能力和表現，大人逐漸正視他們低成就的問題，於是他們首次被貼上「低成就」的標籤。和其他標籤一樣，這無形中引導他們表現出更多相似的行為，同時還找藉口為自己辯護。

這個標籤是否意味著小孩從此被降級，不再是天才了呢？其實不然，至少不會馬上變成這樣。因為這個標籤指的是：你有才能，只是不夠努力，實際上還是很讓人放心的。但不幸的是，它讓大人開始緊張，開始有所行動，卻往往反而引發SLHPPs的抗拒心態。

故意「不盡力」的人

記得當我問艾美，會不會為自己的成績感到丟臉，她的回答是：「一點也不會。大家都知道我很聰明，我只是沒有努力。」

艾美這種對外的說法，其實就是她說服自己的信念。她寧願相信自己是有能力的，只是還沒被激發出來。聰明如她，就算不盡力嘗試，過去的表現還是不錯，然而艾美卻養成習慣，總是以此為藉口。社會心理學家發現：針對表現不佳，「沒有努力」居然是普遍被拿來使用的合理解釋之一。

以「沒有努力」進行合理化的內在誘因，包含下列步驟：**我失敗了，但因為我沒盡力，所以這次不算。如果不去嘗試，當然就不會失敗。不去嘗試，我還是可以維持「要是我盡力，就會成功」的形象。如果我盡力卻失敗了，我就再也不能以此為藉口；所以，最好還是不要盡力。**就算最後你被貼上「懶惰」、「散漫」，甚至「靠不住」的標籤，你也無所謂，反正再怎麼樣，你都還是屬於高潛質族群。

「沒有盡力」是人們維護能力形象的標準說法。測試的對象如果被告知，一旦這項能力測驗表現不好，就會告訴其他人這個結果，他們通常就會退縮，故意不好好完成該項測試，然後最後再說「反正我又沒盡力」。

羅伊・鮑梅斯特（Roy Baumeister）專門研究「自我設障」（self-handicapping）的現象，他就說過這麼一則軼聞：一個巡迴各地的頂尖棋手，每次比賽都先讓對手兩顆卒子，原因是，如果他贏了，顯示他技藝高超；如果輸了，就可以說：畢竟他先讓了對方兩步。這種慣性自我設障的人通常事前會先安排某種形式的藉口，來為可能的失敗做解釋。

自我設障的情況在學童實驗中也獲得驗證。學童們被告知必須完成一個簡單的遊戲，但可以任意選擇他們希望完成的方式。有些人選擇靠實力一決勝負，有些小孩則固守形象，選擇保護自己、免於負面評價的方式。

在這個實驗中，心理學家史丹利・庫柏史密斯（Stanley Coopersmith）把小孩聚集到一個大房間，房間盡頭有一面畫著小丑臉的布幕，小丑的嘴巴是一個大洞。每個小孩手上有六個裝著豆子的小布袋，任務很簡單：把布袋設法投進小丑的嘴巴，投進最多的人獲勝。

兒童的策略主要分為三種：直接站到小丑面前，把布袋輕鬆放進嘴巴裡；有的人測量好一個距離，而這個距離是有機會投進、但需要一點技巧的；有的人則跑到離小丑最遠的房間另一端，從那邊丟擲。直接站到小丑面前的學童，命中率百分之百；中間距離的，則是好壞參半的正常狀態；離最遠的，根本連小丑布幕都碰不到，更別說是投進嘴巴。

表面上看起來，站在中間和後面，好像是比較相似的選擇，其實不然。直接站在最前面和最後面的族群才是最相像的。雖然這兩種策略看起來完全相反，但他們害怕失敗的心態卻是一樣的。

直接站在小丑嘴巴正前方，當然不可能失敗。但他們用這麼極端的方式把冒險降到最低，成功變得理所當然、毫無價值。然而另一方面，沒有人可以斷言他們從其他地方就投不進去。所以他們巧妙迴避了這個重要的測試。

站在房間最後端的人，他們看似大膽的策略下，其實是自我保護的偽裝。站得這麼遠，就算失敗也會被認為是距離的關係，而不是技術問題。他們就是典型的「自我設障者」。對這些不屑於低挑戰的學童來說，如果不小心投進一個，他們就變成傳奇英雄，但也跟站在最前面的小孩一樣，沒有人可以證明：如果他們站在別處，就無法六個全投進。

反觀站在中間距離的學童，才是真正把比賽當作一回事的人。他們在成功和挑戰之間權衡，找出一個適當距離——有一定難度，又不會遠到無法成功，或是會被認為是僥倖成功的距離。他們投入這場真正競爭實力的比賽，並努力獲得成功。雖然他們選擇的距離讓他們的成功率降低，但是每一球都有非凡的意義。

你會發現，這裡的自我保護行為，和我在第一章提到的「自我設限」模式，其實互有關聯。「站在小丑正前方」的策略，就等同於「絕不冒險者」，某種程度上也是「沉睡者」、「漂流者」、「功虧一簣者」、「自我懷疑／自我打擊者」，以及「寧缺勿濫者」。而「站在房間最後方」的策略，則相當於「超級冒險者」，某種程度上也是「懷才不遇者」。至於「表面功夫者」和其他設限者，則在最前、最後兩者之間猶豫不決，得視當時情況再做決定。

庫柏史密斯發現，這兩個族群的自我評價都很低。失敗可能會影響他們的自我評價，讓他們感覺越來越糟，所以他們寧願迴避這類的考驗，避開公開與其他人比較的場合。他們避免失敗的兩種策略，就是自我保護的典型。每一種策略都讓他們無法得到成就的滿足感，在這種心態下，挑戰最高或最低極限其實結果都一樣。

編織藉口，成了一種新興習慣

「保持完美形象」是自我設障者最重要的目的。具體來說，自我設限的HPPs花最多時間站在小丑前方（完全避免冒險），或是努力往最後面退（自我設障或是挑戰過高任務），也可能視狀況在兩者之間猶疑不決。

當然，還有許多其他方式可以維持形象，例如想出無數個理由和藉口，解釋自己的表現不佳。這些防禦性藉口，目的都是要鞏固自己的特殊地位。在籃球界、體操界、音樂界、舞蹈界同樣都有這種狀況。不論這些藉口是否被全盤接受，「編織藉口」變成一種新興的習慣。然而，如果你凡事找藉口把事情合理化，或是為自己辯護，就等於步上了單調乏味的人生，因為你不利用自己的聰明才智磨練新技能，而是絞盡腦汁發想這些藉口、狡辯、中傷他人的策略，成天想著如何推卸責任。「我想保留實力。」「這不是我的構想。」「這不是我想做的事。」「教練不喜歡我。」「評分不公平。」「每個人都考得很爛。」「大塞車。」等等。

然而，「編理由」就是一種自我挫敗和自我設限的行為。如果你抱怨作業交代不清、要求不合理、被人誤解或是遭受不公平的對待，包括老師、指導員、上司、專案組長、前男友、前女友、前妻、前夫等等，那麼，你不僅把過錯都怪在別人身上，也代表你無法掌控你自己的人生。怪罪他人，等於貶低自己的掌控力，把你個人的力量隱藏於無形。舉例來說，在藝術界，常有人說他的作品遭到扭曲，或是不受人賞識，以此為由，遲遲無法開始新的創作。

怪罪別人之外，SLHPPs還試圖替自己的不良表現找理由，詆毀有關機構或是活動本身、蔑視自己正在進行的工作，或覺得別人正在做的事更有價值，所以問題不能、也不該歸咎在你身上。這樣凡事合理化的心態，讓SLHPPs總是把「我不在乎」、「那不重要」掛在嘴邊。一名SLHPP學生把自己的爛成績美化成一種曖昧的榮耀，他宣布立志當一個成績只達最低標準、卻可以設法畢業的「低空飛過族」。這種冷嘲熱諷的頹廢式菁英主張，就像是保羅・魯本斯（Paul Reubens）在電影《笑將闖通關》（*Pee-Wee's Big Adventure*）裡的角色皮威一樣：從腳踏車摔下後，他起身宣布：「我是故意的。」

抱持著這種先發制人的批判哲學，你批評活動或競賽本身、批評那些表現好或努力想表現好的人，以及什麼事都想做好的人。久而久之，這些理由和狡辯變得難以理解，扭曲變形。

泰拉今年三十四歲。高二的時候她告訴媽媽，她寧願不費吹灰之力全部拿C，也不願被朋友認為她是經過一番努力才拿到A的。

泰拉的父母很吃這一套，認為泰拉是為了獲得同儕認同，他們深信泰拉絕對有拿A的實力。但不只如此，泰拉還將自己的選擇崇高神聖化，說成是：既不必卑躬屈膝，也不必加入那群追求名利的庸俗傢伙。她認為這一切都是為了某種堅持；同時還可以小小的耍一下叛逆，以此獨樹一格。當別人在努力工作時，她可以非常悠閒。

事實上，泰拉當時還是在尋求外界認同，只是沒有明說而已。然而，泰拉逃避努力越久，就越沒辦法確定自己有多少能耐。她的想法是：如果她像朋友一樣花幾個禮拜的時間做報告，最後卻沒有拿到A，那麼她會覺得白費力氣，還會讓人懷疑她的能力。

然而，另一方面，泰拉很快就發現情況不對。由於老是不努力，總是在說：「如果我真的想做就會做得很好，我只是沒盡力而已。」無形中她把自己限制在某個程度，無法更上層樓。上高中後，她發現要維持這種形象越來越難，所有的理由變得太複雜，最後都站不住腳。她開始覺得自己不是成就大事的那塊料。上大學失利，最後她在百貨公司當銷售員。

「我太與眾不同了，也許威脅到他們。」丹妮絲今年三十七歲，是個才華洋溢的鍵盤手和吉他手，而且大部分是靠自學而來。她談到以前的音樂老師，也就是父母找來幫她建立音樂基礎的那些人，一個接著一個感到挫折，最後全部辭職。她就是對無聊的音樂理論或世界名曲興趣缺缺，因為她可以直接用鍵盤創作。

丹妮絲過人的天賦讓她可以省略音樂理論和沉悶的苦練過程，直接就看到成果。但是她從來無法改進技巧上的缺點，也沒有真正的進步。很多SLHPPs都覺得自己比老師聰明，所以用這當藉口，不肯誠心接受他們的建議。

也有些人，比較含蓄的找理由。

布萊德今年三十四歲，在學校時謹慎盡責，表現也很好。當他第一次找藉口時，覺得背叛了自己內心的標準。然而，他卻一直持續這種行為，並且讓它習慣成自然。

國中畢業時，布萊德全部科目都拿了A，不是因為他以分數為目標，而是因為他很聰明，態度也認真，一直以來表現都不錯。他不是書獃子，社交也活躍，很受朋友歡迎。

進了高中之後，布萊德的哥哥告訴他，如果持續表現優秀，最後可以成為畢業生代表。但唸書從來都不是布萊德的終極目標，他也不喜歡這樣的外在壓力。他的標準只在於表現良好就可以，而且他自己很喜歡學習。一學期後，布萊德第一次拿了B，等於也卸下了哥哥期望的壓力。但他心裡知道，自己其實可以表現得更好，所以有種背叛自己的感覺。

高二的時候布萊德的祖父去世，父母離異。他隱藏起自己的悲傷、困惑和憤怒，但為了引起關注和支持，他沒唸書，讓自己得了兩個B和一個C。他的高中老師及大學顧問安慰他，叫他不必擔心成績問題，他們會寫信給大學入學審查小組，說明他是因為情緒因素導致學習分心。成績表現不佳，卻可以用這麼漂亮的藉口解釋，布萊德於是故意減少努力，反正大家都覺得無可厚非，就像享有特權一樣。因此，更多的B出現在他之後的成績單上。

第二學期，布萊德得了肝炎，在期末考前又剛好與女友分手。這次不需要任何人幫他編理由，他直接聲明考不好是可以理解的，因為他身體不適又處於情緒低潮。他也沒有要求補考，因為他不想毀了春假，把時間花在唸書上。

布萊德開始安於這種不必努力的模式。大學入學測驗中，布萊德的成績幾乎吊車尾，他在大學的成績也不盡理想，因為他已經不像之前那樣謹慎盡責了。當父親問起最後一學期的成績時，這位曾經很優秀的學生答道：「學期初我表現得很好，但我想我是沒勁了吧。」沒勁？這個答案絕不會出現在八年前。

有太多例子證明，聰明的HPPs如果不小心脫軌失常一次，他們就永遠浮沉，不想再力爭上游。如果你問SLHPPs，他們是從什麼時候開始、用什麼方式放棄努力的，你會得到各式各樣的回答。有人在學期初的指定作業就放棄了，有的人則會說，因為遇到特殊狀況，譬如和教練或老師處不好，他們嘲笑他的表現；或是轉到新學校沒有歸屬感，情緒因而低落絕望等等。一開始或許只是稍微偏離自身期望，但是到最後，內心的火焰也消失殆盡了。

邁入成人之際，你過去的處事態度將深深影響這決定性的一步。偉大的成就的確需要某些天賦，但是反過來說，有天分並不代表一定成功。成功需要更多的條件。如果你總是到處漫遊，但基本上還是朝著自己的目標前進，那麼，只要你擺脫暫時的停滯和迷惘，還是可以有所作為。但是如果你像泰拉一樣，已經不想付出任何努力，就會離自己的夢想越來越遠。

成就是不斷努力累積的結果，雖然中途偶爾會有靈光閃現的神奇時刻，但整體來說，就是毅力的累積。無論踏入任何階段，無疑都需要冒險。

蘇菲教派流傳著一個美麗的故事：河流即將流進沙漠，被蒸發，隨風飄逝。水知道河流的使命，但不知道被蒸發之後會怎樣。然而，如果它拒絕改變，就會流進沙漠被沙吸乾。只有接受改變，才能隨風越過沙漠到達高山，凝結成水滴降落，再重新開始生命的循環。

人生也是一樣的道理。我們從熟知的地方進入未知的領域，如果你抗拒這樣的過程，就是阻斷了自己的進化。

｜第 3 章｜

你的魔法怎麼不見了

如果把一個人的生活想像成一個房間，很顯然的，大部分的人都只熟知房間的某個角落、窗戶旁，或是他們來回走動的那塊地板。

——里爾克《給青年詩人的信》Rainer Rilke, *Letters to a Young Poet*

魔法，也有它的限制。光靠天賦或微薄的努力，終究你會走到一個極限，再也無法撐下去了。

突然間事情不再那麼簡單，在某時某地，有某些人就是比你聰明、比你知道得更多、比你更努力求上進。無論是在學校或事業發展的初期，你都必須決定要怎麼走下去。如果想維持在最佳狀態，你必須找到充實自己的新方法。

在人生某個階段表現出色，並不保證下個階段的成就。前途看好的人們有時被沖昏了頭，會忘了踏穩腳步往前邁進。而這個重要時刻——踏進成人世界的過程——是否就是決定成敗的關鍵時刻呢？

魔法不再的時刻

除了出生和死亡，「轉大人」絕對是你生命中最重要的時刻之一。不論「大人」的定義有哪些，最起碼它代表著你完成了學業，也做好了獨立面對世界的準備。現在，正是你善用所有累積的經驗，向前跨出一步的時候。

乍看之下，一切似乎很簡單，實則不然。過去你認為理所當然的事，現在不再那麼確定了。在去蕪存菁的過程中，初期是否佔有決定性的影響？應該現在就放棄，以減少日後的損失嗎？是否該提早引退，放棄成為優秀人才的機會？當雲霧散去，一切變得明朗，兩個基本選擇也浮現眼前：堅持到底，還是盡量閃避拖延、尋找最柔軟的地方降落？

如果你選擇堅持，機會就在前方；如果你覺得可有可無，便難逃自己在現實世界中能耐不足的下場。如果你成功了，隨之而來的是什麼呢？更多的要求嗎？如果你無法，或不想達成這些需求呢？

在這個轉變的時刻，有人選擇比較冒險的方法；有人安於所謂的「合理的妥協」，選擇靠近小丑嘴巴的位置；還有人選擇逃避或拖延，遲遲不肯正視問題。電影《失戀排行榜》（*High Fidelity*）中，三個年輕人窩在一家小小的唱片行，自命清高，批評和取笑那些被他們視為差勁的人。實際上，他們才是被隔絕在現實世界之外的人。當他們為愛展開一連串冒險之後，人生才開始精采。

邁進成人世界之際，你會將年少時期自我挫敗的積習也帶進這個新階段。這或許可以讓你避開初期的顛簸，但長久下來卻會限制了你的成就。在「做了就算」的成人世界中，你會遭遇什麼事呢？你能及時清醒、有所覺悟嗎？

在本章中，我們將探討這個重要的轉變期，了解它會引發的恐懼。這些「剛成為大人」的大人，首先要面對的就是事業的抉擇。我發現，所有的SLHPPs不論是否拒絕長大，都養成了慣性逃避的模式，進而影響他們的工作、財務、感情和休閒生活。他們活在後悔當中，找不到自己的人生定位，最後只好選擇放棄。

關於工作的十二個願望

你想從工作中得到什麼呢？畢竟它佔去了你人生大部分的時間。「理想工作」的要素是什麼？現在，拿出一張紙，靜心檢視自己的優先順序。先列出一張清單，再和下面的歸納做比較（本書有許多需要書寫的練習，建議你準備一本合適的筆記本加以記載）。

以下十二個項目，是你的工作參與感和成就感的最大來源：

1. **興趣**：從事和自己興趣相關的工作，一切的辛苦都值得。
2. **挑戰和刺激**：解決高難度的問題，藉此鍛鍊自己的心智和耐力，從中獲得成就感。
3. **參與感**：從事你在乎的工作，獲得自己重視的成果。
4. **重大的意義**：從事的工作可以造福人群，覺得自己做的事很重要。
5. **認同**：你的努力能夠受到重視和肯定，你的貢獻決定了自己的價值。

6. **影響力**：在工作和公司都有舉足輕重的影響力。
7. **創意**：有機會貢獻創意和有效的解決方式，由此獲得支持。
8. **獨立**：可以獨立作業，自己做決策，無須一再徵詢別人的意見。
9. **掌控**：對於工作時程和內容，有一定程度的選擇權。
10. **收入**：獲得優渥的待遇和福利。
11. **穩定性**：工作有保障，公司穩定成長。
12. **良好的環境**：大家相處愉快，同事志趣相合。

關於這張清單，有幾點必須補充說明。第一，它沒有固定的順序。你最看重的工作價值，也許和他人大異其趣。第二，每份工作多少涉及折衷妥協，因此清單上有些項目是你不會去追求的。第三，有些你重視的東西可能並未出現在這張清單上。最後，為了追尋職業中不同比重的價值，你投入的程度也不盡相同。

任何一張「工作願望清單」都隱藏著某種風險：你可能會以它為基準，拒絕一份雖不完美、卻很值得的工作。雖然你可能認為，一份理想的工作最好能涵蓋上述十二項特質，但也別為了追尋十全十美的工作，毫無意義的等待和搜尋，你可能因此錯失了可以讓你成長和學習的工作。此外，不要因為害怕、恐懼，而拒絕了某些工作，你會因此喪失成長的機會。現在，思考一下：你會站在距離小丑多遠的地方呢？

你該追尋什麼樣的工作？

職業的選擇，是個意義重大而影響深遠的任務，所以，當你還只有二十二、三歲時，要如何精準的決定下半輩子的生涯規畫呢？在現實生活中，你找工作時通常不會列出這樣的清單，然後逐一對照。實際上的狀況，比較會是妥協，以及在得失之間的平衡取捨。就算你夢想著一份理想的職業，最後也會安於另一個工作，只因它符合了某些自己認定不可或缺的因素。你對自己、對工作的信念，以及得失之間的取捨，將決定上述的優先順序。所以，你要追尋的是什麼樣的工作？這個問題的答案，就在於「什麼對你是最重要的」。

從理論上來說，好像大部分涉及專業的工作，多少都能提供上述的十二項價值。但在現實中，「專業」代表你需要更多的訓練。如果你的學校成績不夠好，可能根本無法畢業；即使畢業了，相繼而來的是專業領域裡更多的要求及更多的責任，你必須不斷的自我進修，掌握該領域的最新趨勢。而這種專業領域上的正式要求，可不允許你說躲就躲、任意拒絕。但很多SLHPPs就是不喜歡花工夫做功課，也不喜歡帶有壓力的要求。

另一方面，從事一項獨立的專業工作就是一種創業——而你的產品就是你花在增進專業技能的時間。大部分剛入行的專業工作者，他們從專門的學校畢業後，通常已先欠了一筆學費貸款，也比別人晚了好幾年才開始賺錢。如果你不好好計算你的工作量，很快的就會入不敷出。專業人才通常不屑加入太「市儈」的工作，排斥那些限制多、分工細的大公司，也不想從事沒有發揮空間的工作，或當個朝九晚五的上班族。

在專業領域中，大學教育提供了最多獨立自主和發揮專業的機會，幾乎是幫上述十二項需求鋪好了路。姑且不論薪水，一旦你順利畢業，等於確保了一輩子的工作機會。然而，面對每種專業教育各自不同的課堂要求、作業或是論文題目，SLHPPs卻總是設法減少或避免這些練習機會，千方百計的減少自己的負擔，包括規避做研究。

教書不同於其他的專業工作，它需要承擔某種程度的責任。雖然薪水有限，自我學習的成長空間也不大，但卻能擁有整個班級的掌控權、而且工作時數固定，還可享有優渥的年假，因此深深吸引著SLHPPs。大部分認真的老師會小心翼翼的授課，有的人甚至超時工作——改考卷、準備次日課程、擬定學期計畫、進行家庭訪問等等；但自命不凡的SLHPPs老師則是「能省則省」。

SLHPPs不喜歡嚴謹的要求，偏好安逸的環境甚於工作上的獨立自主和影響力，所以公家機關的工作很吸引他們，因為這類工作通常不需要太多的創意機智。SLHPPs喜歡把風險減到最低，以此為滿足，而政府機關正好以步調比私人企業還慢享負盛名。如果你曾經在郵局或監理處排過隊，你就會自動把「工作效率」四個字摒除於他們的服務之外。

由於公家機關相當的制度化，近乎單調乏味，所以另一個深深吸引SLHPPs的職業，就是可以在上班時間自由拜訪客戶的工作。你可以在早上十點離開公司，打混到下午一點，停下來喝杯咖啡，用塞車當藉口，在甜甜圈店談天交易，到其他部門商討下半年度的預算問題……，這些都可被接受，只要沒有妨礙到任務的完成。

為什麼很多人喜歡當業務

那麼，在私人機構工作呢？一般的公司行號工作內容比較刺激多元，還有機會加入團隊，進行你有興趣的專案，同時享有加薪或配股的優渥利益。簡而言之，依照職位和不同狀況，它幾乎滿足了上述十二大需求。私人機構各有自己的企業風格，想要以此為自己的志業，可能必須犧牲你的個人生活，投入大部分的時間。這樣的工作環境有時候競爭非常激烈，充滿無法預測的狀況，對於個人而言，的確是一種挑戰。

當企業徵才人員進到校園時，德瑞克使出了渾身解數，得到賞識，和一家顧問公司簽約。這個工作提供了德瑞克上述十二項生涯需求中的大部分，簡直就是美夢成真。

頭兩年德瑞克表現良好，深獲上司好評，又過了兩年，德瑞克被升職和加薪，負責管理一個經營不善的小部門，老闆說如果他管理得宜，成功扭轉局勢，就可以在次年由公司全額補助，攻讀MBA，這個機會只保留給具有潛力的明日之星。他對管理工作有把握，突然紅起來卻讓他不安。知道自己再也不能單憑運氣做事，他開始猶豫要不要接下這個職位。

德瑞克想盡辦法希望能推掉這個職務，同時又可以繼續待在這家公司，但如果被發現他是在逃避，勢必不見容於高層。所以他天真的以健康為由，編造了因為肺炎必須休養一陣子的藉口，婉拒了新的職位。但這個藉口不只怪異，可信度也不高。

最後，德瑞克決定搬到別州工作，趁機好好思考自己的生涯規畫。結果他選擇了一個大不如前的職位，做了一年，期間又錯失了很多工作機會。三年過去了，他的處境越來越奇怪：他正在一家不怎麼樣的公司，做著不怎麼樣的工作，遠遠不如他剛畢業時的狀況。他很後悔離開了上一個工作，認定這是他的致命傷。如今自信全失，無法走出低潮。

德瑞克將業務員視為一種出路，後來發現自己不是那塊料。然而，業務工作的確讓很多SLH-PPs趨之若鶩，原因有很多：如果在過去，你曾經放棄了在校所學的專長，或是像德瑞克這樣，在人生中做了幾個錯誤的決定，那麼，業務員感覺上是不錯的選擇，可藉此慢慢回到正軌。你的大學主修和成績如何都不重要，最重要的是可以拉到生意。

最吸引人的地方，是這份工作的獨立性。一旦經過訓練，也被指派了業務區域，基本上你就可以開始獨立作業了。沒錯，就是自由。沒有人會監視你，你可以順道經過洗衣店、去圖書館借本書、喝杯咖啡、享受悠閒的午餐，或是在每個早晨先去健身房運動一下。除了幾個固定的業務會議外，基本上你自己去找潛在的客戶，自己安排會面，自己決定工作的時間。

此外，業務員必備的社交技巧和個人魅力，也是吸引SLHPPs的因素之一。如果你長袖善舞，等於靠嘴巴就能賺進大把鈔票。就像查理說的：「我只要坐在那裡講電話聊天，他們就付我二百五十美元，這會有多難呢？」然而，缺乏智性的思考，正是業務員最大的缺點，另外像是個人興趣、工作挑戰和刺激、參與感、成就感通常都不高。

業務員看似獨立的工作模式，其實還有另一個缺點：養成鬆散、缺乏組織的做事方法。每天你進到公司，先收一下電子郵件、聽聽電話留言、看看行事曆，再來一杯咖啡，排列組合一下你的便條紙，就差不多該去赴午餐的約會了。整個下午，你可能只打了一兩通跟生意有關的電話。

其實，想靠業務賺大錢，一樣需要紀律和努力，否則業績將會亮起紅燈。只要帶著手機或筆記型電腦就可以到處趴趴走，或是穿著內衣、坐在家裡打電話賺錢，而不用每天塞在車陣中趕打卡，這種彈性和自由也暗示了另一個現實面：你必須有系統的投資時間，才能達到業績標準。很多SLHPPs之所以成就有限，是因為他們爭相扮演業務員的角色，要的只是它保障自由的承諾。

另外，充分享有主導性、沒有太多制式的流程，也是業務工作吸引人的因素。然而，有一天當你想要自己創業，或是接觸到其他機會時，這樣的習性會帶來一些風險。因此，為了追求上述的自由和彈性，你需要更多的紀律，以目標為導向持續努力，才有可能成功。

對於想要逃避銷售配額或制式要求的人來說，房地產經紀人是個不錯的選擇。這個領域的銷售節奏要比其他企業的還慢，如果加上經濟景氣，這看起來是個簡單的任務。對於習慣保留實力的SLHPPs而言，為了到達自由那塊聖地，或實現世俗賺大錢的夢想，費點力氣通過房地產執照考試算不上難事。身為房地產經紀人，你來去自如，你做的任何事都是在開發客戶，就算是去參加獅子會或商會的早餐會報，都可以說是在促銷。努力打拚一兩個月，達到業績之後，那一年的其他時間你就可以安排假期了。

然而，房地產經紀人也必須面對各種要求，有些緊張兮兮的客戶需要你時時關心，不斷跟他們握手保證和承諾。如果不提供這些服務，客戶可能會漸漸流失。有時你也需要做些辦公室雜務或是繁瑣的文書工作，甚至假日也要工作，很少能有真正的假期。如果做事沒有效率，很少有人能在這個行業中脫穎而出。

自己當老闆，在家當SOHO

多層次傳銷就像是業務和在家工作的結合，同樣也提供了豐富的機會，允許你獨立自主——你就是自己的老闆，你可以決定自己要工作多久、用什麼方式工作，理論上也可以在短期內致富。為了獲得財富和自由，你向客戶大力推銷吸塵器或其他便利生活的物品。至於個人興趣、挑戰和刺激、參與感、成就感等工作特質則較不顯著。

有些多層次傳銷是可行的，但事實上它們層層相扣，不能單靠個人銷售，你必須招募更多的會員在你底下工作，從他們——還有**他們的**下線——的銷售來累積自己的業績。所以到頭來在業績壓力下，所謂的自由，其實是虛假的。

從事多層次傳銷等於是自己創業，而當你擁有一家公司，某方面來說，你必須一直工作。成功創業需要時間、有系統的做事方式、不間斷的努力，以及耐性——因為你必須同時扮演秘書、總經理、副總經理和業務員的多重角色。

個人工作室和自由工作者，包括營建承包商、諮詢顧問、攝影和撰稿等行業，在不同程度上滿足了理想工作十二要素中的前九項，甚至更多。你的所得除了繳稅之外淨屬你一人，所以可能比你上班領薪收入更豐，同時還能享有珍貴的自由。以諮詢顧問而言，你只需提供技能或知識上的建議，再由其他人去執行即可。

然而想經營個人工作室，你需要密集宣傳自己以及所能提供的服務。除了長期努力、在業界建立自己的名聲、累積穩定的顧客群，控制好時間和工作量更是一門藝術。以營建承包商來說，在正式完工之前通常幾乎已經拿到了所有的費用，為了不耽誤新工作的契機，很多人因此急著想進行下一個案件，結果常會是新舊案子兩邊進行，既要向新客戶負責，也要安撫頗有怨言的舊客戶，解釋案子還無法完成的原因，把自己搞得焦頭爛額。

對於喜歡獨立工作的人來說，投資理財顧問也是一大陷阱。剛開始你可能會告訴客戶隨時可以找你、手機隨時會開著，但這種當下的策略通常會變成永恆的承諾，因為人們會有預期心理，認為你應該隨傳隨到。自由工作者通常無法決定工作開始和結束的時間，無法將工作和個人生活區隔開來，而且必須花費很多精力讓員工（也就是自己）上緊發條。

音樂、寫作或造型藝術之類的創意工作，也深受SLHPPs青睞。這些工作頗能符合理想工作的多項特質，除了固定收入和穩定性之外；但有些藝術家可以兼顧這兩項，特別是當他們從事相關教學工作時。創造或構想一樣新的東西，絕對是一種誘人的挑戰，然而，它需要你全心全意的付出，甚至必須犧牲很多東西。

SLHPPs對此會有所遲疑，因為發想和創造並不容易，如果沒獲得認同，又要長期堅持下去，是很累人的。以作家為例，他們常被退稿，總是在成功邊緣徘徊，還得面對寫作障礙和自我懷疑之類的問題。造型藝術師在將他們前衛的構想具體化之前，必須經歷重重的困難。在造型和表演藝術領域中，我們常會看到一些抑鬱不得志的天才。雖然大部分堅持自己創意的藝術家可以承受和處理各種挑戰，但我們必須承認，商業成功與才華有時候並沒有太大關係，出頭的通常是那些善於自我推銷，或是迎合大眾口味的人。有些SLHPPs，特別是第一章提到的「反抗者」、「表面功夫者」或是「超級冒險者」會加入這些人的行列，向容易受騙的國王兜售新衣，在主流市場打混。

還好，只要你有足夠的創意、野心和想像力，並且願意冒險，還是有許多工作可以滿足你的。相信大家都聽過，某人在廚房或車庫裡將偉大的創意發揚光大，最後成就驚人的例子。但這樣的計畫需要承擔風險，需要足夠的韌性和動力，面對挫折時要能越挫越勇，不斷的學習，並且能夠忍受失敗。最重要的是，它會逼迫你正視自我成長的問題，不能再像以前那樣逃避。

查克伸手按掉鬧鐘，痛苦的呻吟。昨晚他設好鬧鐘，告訴自己上班絕對不再遲到，但現在他只想再多睡一會兒。

查克今年二十八歲，是一名電腦顧問。三年前他辭去了電腦工程師的工作，窩在一家小小的錄影帶出租店，每天沉浸在外國電影中。終於，他想要自己創業，經營一家衝浪用具出租店，但因為籌不到資金，所以他決定，就在今天，就算邊上班邊寫，他也一定要擬出一份創業企畫大綱，向他爸爸的朋友，也就是他的潛在股東提案。

到了錄影帶店，他過街買了杯咖啡和報紙，和郵差西西爾聊一下天，兩個小時過去了，他還沒有補好架上的錄影帶。即使進度已經落後，查克還是先上網晃晃，瀏覽他最愛的網站，從哥斯大黎加的諸多衝浪網站中找尋靈感。「我應該去那裡做生意的。」他渴慕的嘆息。

他拿出筆記型電腦想開始寫點東西，但最後決定先去買個三明治，並把報紙看完。他盤算著午餐過後要把貨架補齊，這樣就有時間認真撰寫他充滿希望的創業計畫。

但是，中午過後，補貨之前，他又看起電腦程式設計師的徵人廣告——只為了熟悉現在的市場行情，看看自己的「身價」有多少。最後，當他終於上完架時，已經下午四點半了，時間明顯不夠他認真撰寫企畫案。於是他告訴自己，他需要一段完整、不受干擾的時間才能真正投入和完成案子，而傍晚的顧客比較多，他們即將陸續進來了。

因此，他考慮晚上再帶回家做，但他有自知之明，知道自己晚上的工作效率很差，所以他索性打電話給朋友艾爾，約在夜店欣賞薩克斯風樂手的舊金山首演。如此一來，他們一定會很晚才回到家，但查克隔天是上晚班，所以他告訴自己，明天上班前會把企畫案弄好。

查克之所以如此躊躇，是因為他心中潛藏著對未來的焦慮徬徨。經營衝浪用品店是他創業大計的其中一環，對他而言是個重大決定，他希望可以萬事俱備再行動。

選擇走自己的路

查克的掙扎，我們並不陌生。如果你有才能，也夢想追尋不平凡的未來，那麼你必須從無到有，一切靠自己打造。比較起來，正規教育和專業訓練好像比較能指引你一條明路，雖然必須花費不少時間，但至少這段時間是你可以掌控和回收的。因此你釐清困惑，買票上路。

然而，當你開始規畫自己的課程，各種誘惑、讓你分心的事物、挫折和僵局就會一一出現。如果沒有訂立明確的計畫，循序漸進，很快你就會誤入歧途，說服自己用更快的方法獲得成功。你是個優秀的作家，隨時可以寫出一個劇本，這有什麼難的？但是，事實上就是比你想像中的難，而且跟你的才能無關。

如果你選擇走自己的路，前方會有兩個障礙等著你。首先，你要自闢蹊徑，而這條路上什麼都沒有，所以你需要擁有足夠的技能和自我規範能力，否則很容易墮落，面對困難也將無所適從。此外，你還要與自我懷疑、惰性、自我限制等種種藉口拉鋸奮戰，以堅持自己的理想。第二，就算做了以上努力，也不**保證**你會成功。

以查克這種人的例子來說，跨出第一步其實是最困難的部分。不過也有人認為，經歷失敗和阻礙，還要堅持追求理想，這才是最難做到的。為了股東和客戶東奔西跑、辛苦的經營事業、面對成功前的空窗期，種種痛苦都會讓很多人中途放棄。另有一種人則是將視野縮小，安於有限的成就，或是根本就不起步。

從以上各種妥協的例子中可以了解到，很多SLHPPs對工作的要求不多，他們退而求其次，追求一份沒有太多要求的工作，就算達不到上述十二種理想工作特質也無妨。殊不知這樣的心態已經限制了自己的出路，因為一份工作涵蓋的理想特質越少，獲得真正成就的機會也就越渺茫。

八種上班族，有沒有你的影子

已經習慣「不費力就可成功」的SLHPPs，長大後同樣會抱著希望不勞而獲的心態，不想全力以赴，結果是，他們在這個階段的發展將會變得複雜難料，就像德瑞克一樣。遇到困難就故態復萌，隨便找個不太喜歡的工作，然後採取一種疏離的工作態度，避免過多的投入和責任的承擔。

以下是抱持著逃避心態在工作的幾種典型。這些人既不努力、工作態度也不佳，因此工作成績也乏善可陳。如果你對工作沒什麼熱情，可能會在下列模式中看到自己的影子：

投機取巧者（Job Coasters）：這種人擺明了不想努力，想盡辦法抄近路，「越省事越好」就是他們的中心目標。雖然本書提到的每一種自我設限模式都有這種心態，但是慣性取巧者特別能將逃避工作的本事發揮到極致：工作總是沒做完、把困難的部分丟給其他人、不想充實自己的技能，或至少維持該領域應有的水準。他們的工作表現通常也不怎麼樣。

每種工作、每種職位都會出現這種取巧者。有些人一踏入職場、剛開始工作的時候就是抱持這種想法；有些人則是歷經大風大浪後，以這種心態納涼，殺時間等退休。

取巧者從不在正式提案或小組討論前做準備，新案子進來之後，也只會抱著好奇的心態瀏覽一下。他們的工作表現不佳、慣性拖延，因此別人對他們也不會有太高的期望，而且他們會拿捏得剛剛好，讓自己雖然參與其中，卻不會被要求承擔責任。

這類人只想混口飯吃，並不想追求什麼目標，也不渴望創新，有人甚至把懶散視為自己的風格。

避免要求者（Demand Avoiders）：這種人傾向找一份自己可以輕鬆勝任的工作，並盡可能避開任何對他們發號施令的人事物，因為他們重視自由甚於其他。不像「投機取巧者」那樣老是抄捷徑，「避免要求者」通常可以把工作做得很好，也不會投機，有些人甚至還賺了很多錢，但他們就是不想要負擔，排斥那種老是需要操心的職位。發揮專長和實現夢想並不在他們的藍圖之內，「避免要求者」通常就是前面提到的「拖延者」、「進退兩難者」、「寧缺勿濫者」。

躲匿者（Hiders）：這種人總是躲在大企業的庇護下，尋找可乘之隙，藉著一些模糊的計畫混上幾個月。

三十八歲的馬丁，幾年來都刻意避開「熱門」或引人注目的工作機會，因為那是有事業心的人才會去爭取的地盤。他盡量讓自己不被注意，因此不會有什麼壓力和監視，因為主管的心思都在那些需要施壓的人身上。

「躲匿者」總是精心安排，讓自己被忽略，做起事來能拖多久就拖多久，因為他們的工作都不怎麼緊急，也無關乎成敗。所以這種人通常是前述的「功虧一簣者」、「絕不冒險者」或是「沉睡者」，但也有可能是「進退兩難者」，甚至是反其道而行的「反抗者」。

自成生態者（Niche Builders）：跟「躲匿者」差不多，只是他們選擇待在小公司、事務所或是大學院校等，專門負責那些大家都不喜歡、卻無可避免的一般行政事宜，不想從事有壓力的工作。這些事項可能包括了毫無專業可言，或是一些附屬的活動。他們一開始抱著玩票性質，後來卻再也鬆不開手。

羅娜和史坦合夥經營一家法律事務所，有一次，他們搞砸了一件大案子，失望之餘，羅娜開始做些辦公室雜務，而她的搭擋史坦則繼續出庭累積經驗。六年後，羅娜還是在處理雜務，阻斷了出庭學習的機會，從此再也沒上過法庭。

「自成生態者」通常是「絕不冒險者」或「功虧一簣者」，但也有可能是「進退兩難者」。

閃靈一族（Flashers）：這種人通常在緊要關頭現身，憑藉著自己的才華或能力，出人意料的解決問題，然後以一副「現在你們知道了吧」的態度揚長而去。平時他們只做自己分內的事，並不關心小組或公司需求，但在緊要關頭卻很可能是扭轉局勢的人。他們不喜歡公司體制內那些嚴格的規定，或是日復一日的無聊工作，他們是獨來獨往的游擊手，能夠適時展現效率和潛力，讓大家刮目相看，雖然他們平常看起來並不怎麼靠得住。

「閃靈一族」並不會致力於改善自己的弱點，也不會精進自己的技能，所以他們從未真正發揮潛力，只是一再重複自己已經得心應手的工作，就像老是寫出類似劇本的劇作家，或老是表演同樣即興片段的吉他手。他們尚未達到顛峰，能力也還沒被完全開發。廣告界、市場行銷部門、藝術界，以及運動隊伍裡，最常見他們的身影。

「閃靈一族」通常是「寧缺勿濫者」、「超級冒險者」、「懷才不遇者」、「反抗者」，偶爾也會有「表面功夫者」。

跳房子嬉遊者（Hopscotchers）：這種人不斷換工作，只要新奇感消失，馬上換跑道。通常發生在業務領域、多層次傳銷、自由工作者，或是自己當老闆的情況下。他們無法實現初衷，因為缺乏耐性建立人脈、經營客戶，而這些通常是這幾種行業成功的關鍵。

這些人對自己的將來通常抱有樂觀的幻想，對於實現理想所需花費的時間卻沒有具體的概念。短視近利，只企望短暫、立即的成功。他們老是覺得之前的失敗是因為產品本身的缺點、別人的支援不夠，或是其他狀況，所以很有自信這一次的情況會好很多。

諷刺的是，有些「跳房子嬉遊者」採取相反的策略：他們不願中斷已經出現明顯錯誤的冒險，倔強的拖延著，想證明他們的舉動不是毫無計畫的衝動。因此，嬉遊者不是抽身得太早，就是拖延得太久。

「跳房子嬉遊者」通常是「寧缺勿濫者」、「超級冒險者」，但有時會是「拖延者」、「表面功夫者」、「反抗者」或「懷才不遇者」。

轉業達人（Job Surfers）：他們不走常規性的事業路線，長期從事一些基層工作，一下子在書店，一下子在酒吧，待到無聊的時候就換工作。雖然這種人跟「避免要求者」有些相似，但是後者並不會換這麼多工作，也不一定會選擇這類的基層服務工作。比較起來，轉業達人通常缺乏專業訓練和經驗，無法從事責任重大的職位。

這種人通常是因為過去做了錯誤的決定，忽略了很多可能，或是放棄自己的才能，錯失了近在眼前的機會。他們大都是「漂流者」、「沉睡者」、「拖延者」、「絕不冒險者」或是「反抗者」。

超級打工族（Temp Surfers）：他們是「轉業達人」的另一個版本，靠著人力仲介公司介紹工作。這種策略的好處是工作來源可靠，也省去找工作的麻煩，因為仲介公司會根據你的需求幫你安排工作。由於是臨時性質，有約定好的工作時程，不必簽訂長期的契約，如此一來，他們就不必屈就於不愉快的工作場合。表現優秀的「超級打工族」在工作與工作之間有許多空檔，有充分的彈性過自己的生活。「超級打工族」通常是「沉睡者」、「漂流者」、「拖延者」、「懷才不遇者」，有時候是「絕不冒險者」或是「反抗者」。

很多的SLHPPs，尤其是那些不想承諾、玩弄自己才能的人，通常都不願被某項職業綁住，因為一旦從事某種行業，代表你必須全力付出，也放棄了未來的其他可能。「定下來」對這些從沒準備好做出重大決定的SLHPPs來說，是一件很恐怖的事。今年三十二歲的湯姆談到他面對事業抉擇的掙扎時，說道：「我覺得，當我伸手去打開一扇門，就會聽到背後有千百萬扇門關起來的聲音。我就是沒辦法下定決心，長期從事一項工作。」

很多SLHPPs盡量拖延，不想面對職場生涯規畫，一心只想晚點進入大人的世界。也許你也有同樣的心態，想喘口氣，再多消磨些時間。對SLHPPs來說，稍微拖延一下事業抉擇或成人生活，似乎無可厚非，因為他們的條件不差，隨時可以開始。

總是彩排中的人生

童年結束、成年期的正式展開，並沒有特定的時間點，事實上，也無法明確加以定義。是完成正規學業、找到第一份工作時？還是準備結婚、開始組織家庭的時刻？每個人的順序不盡相同。這個階段意味著成人責任的加重，但對某些人來說，卻又未必如此。我們發現很多人雖然輕易完成所有步驟，卻仍然無法成熟處理這些責任，體認大人世界的本質。

正因為成人世界沒有所謂的起點，所以給了人們找藉口的空間。你可以用很多看似實際或聽起來冠冕堂皇的理由，來延遲它的到來。有些SLHPPs陷入這種過渡期的邊緣地帶，他們的生命總是充滿延遲或錯誤的開始。這些人是拖延高手，他們口中所謂的掙扎，其實都有待商榷。

無論是面對事業、感情，還是要不要生小孩，四十歲的艾柏兒始終無法下定決心。多次從大學休學的她盡量避免抉擇，怕死了那種必須定下來的感覺。所以她去印度和西藏旅行、在異國尋找可以過活的工作，或是到處打工，例如幫朋友開店等等。

四十六歲的布萊恩做過許多工作，偶爾兼差寫寫文章，但是他的工作方向多變，地點也換來換去，讓他很難在相關領域有所發揮。最近他搬到西岸，終於覺得該是認真思考一切的時候了。

艾柏兒和布萊恩的掙扎，就如同前面提到的、本來可以成為教授的雷諾，以及本來可以成為舞蹈家的史黛西，他們在過程中總是不斷自我安慰。因為還沒準備好要定下來，所以他們的人生就像彩排一樣，總是不斷重來。不但逃避成人世界的責任，也耽誤了自己的人生。

有些人甚至從青少年時期開始，就採取這種拖延戰略，想藉著爛成績換取更多時間，多唸兩年大學。這些人就算搬出家門，也還是可能又搬回去，甚至就從此住下了，更有人從來沒想過要離家。

大學也是逃避成人社會的天堂。大學校園內充滿著生氣勃勃的學術氣息和各式各樣有趣的人，不但可以從事各種好玩的活動，還可以自己安排時間，也沒有太多大人的期望和壓力，很容易讓人習慣於這樣愉快安穩的氣氛。這麼愉快的日子，為什麼短短四年就要結束呢？

既然全世界都鼓勵小孩唸大學，只要你多少有點進步，想要多唸幾年應該也沒什麼問題。尤其是如果你的父母渴望子女好好唸書，他們光看到兒女有興趣完成大學教育就很滿足了，就算進步得比別人慢也沒關係。然而，如果你的出發點是錯的，只為了拖延拿到學位的時間，將會導致嚴重的不良後果。

三十八歲的小班加入「極限潛能計畫」之前，正考慮唸碩士，主修他最近熱中的藝術史。他大學時休學過，之後回去唸了一年，後來又再次休學。接下來的四年，他跑到阿拉斯加當漁夫，到加州聖喬昆谷種田，然後又到舊金山當木匠，最後才搬到洛杉磯。之後他一邊就讀洛杉磯電影學院，一邊當服務生，花了七年才畢業。

小班最後決定不唸研究所了。研究生很可能花了數年致力於不明確的研究計畫，遭遇困難而廢棄，然後重新再來。SLHPPs研究生更可能因為不斷延遲完成論文的時間，始終無法完成碩士學位，除了持續擔任教授助理的工作外，一事無成。另外一些較被看好的SLHPPs則是一所學校換過另一所學校，就是無法定下來。

三十四歲時，路克放棄了心理學博士課程，轉而研究行為生物學。他深信做出正確抉擇遠比急著畢業來得重要。但他現在開始懷疑學術界的價值，正在考慮申請法律學校。

不論是否事先就決定要拖延，很多大學生在畢業之後，並不想馬上確定終生的職業，因此他們決定讓人生暫時停格。有的人休息閒晃，有人出國旅行體驗不同的文化，在異國學習當地的語言，累積另一種生活經驗。這些目的是如此正向積極，你很難去評斷他們。事實上很多畢業後馬上投入職場的人，最後都很後悔當初自己沒有稍事喘息。經過一段時間的歇息充電之後，大部分的人都會回來開始工作；然而，對有些人來說，這種歇息反而造成更多對未來的徬徨和矛盾心態，也許這就是他們無法踏進成人世界的主因。

採取拖延戰術的SLHPPs，會用各種方式延長這段期間。有些人回到大學城整理頭緒，和其他同學為伍——這些同學通常也都是習慣於安逸又無須做決定的環境。任何決定皆有跡可循，這種拖延策略可能源自他們早先在家庭或學校時的心態。

有些人捨不得放棄大學畢業後這段輕鬆、無拘無束、未知的探索時期。他們四處流浪、無須承擔義務，到處遊歷探險，把休息時間無限延長，美其名為「思考下一步走向」，實際上則是逃避壓力和責任。

頻繁的移動成為這些人的特色，SLHPPs將自己的生活調整成適應變動的狀態。舉例來說，很多人會用郵政信箱做為聯絡方式，可以省去變更住址的麻煩。這些人坦承，打包行李、準備再次搬家的同時，他們都會幻想：這次會更好。

當你年輕的時候，未來是向前無限延伸的，明天似乎永遠不會來。渴望美好前景卻遍尋不著的狀況下，這些拖延者開始安於他們一開始視為過渡時期的狀態。這些早期的決定會限制他們日後的選擇，他們也會把這種慣性拖延帶進職場。拖延者通常只為了錢工作，或為了必須工作而工作，所以他們會盡量避開要求太多的工作。

什麼？朝九晚五？溜先

大部分的工作都有其制度，這也是畢生追求自由、拒絕長大的SLHPPs最害怕的負擔。他們一心想逃避的就是制度。

安娜今年三十六歲，她覺得自己不能適應「每週工作四十個小時」這種荒謬而不近情理的要求，自認與那些必須早上六點起床、晚上七點以後才能到家的人不同。她在精品店工作，因為可以早上十一點以後上班，有空的時候就當電訪員，反正就是盡可能避免朝九晚五的生活。安娜希望有一天可以遠離人群，隨心所欲的依照自己的生活步調過日子。

像安娜這種無心進入職場從事正規工作的人，只會考慮彈性、自由的職業，也就是沒有傳統工作時數限制以及太多要求和制度的工作。

二十九歲的達明認為自己不能（也不該）被工作限制住。這或許部分源自防禦心態，因為他從沒擔任過高階工作，不過根據他的說法是，汲汲追求名利會毀了人的一生。然而，他還是難免會有階級地位的迷思：在時尚店家調製飲料的他，和客人聊天時總會不經意提及，當初他差點就拿到社會學博士學位，還有，有人找他寫搖滾樂評，但他最後回絕了。對於攻讀博士學位這件事，達明的感覺非常複雜。當初他突然放棄，是因為覺得自己不適合當教授，之後卻一直處在後悔當中，覺得自己欺騙了自己。所以他笨拙的解決方法就是在街頭工作，營造體驗人生的形象。他對外宣稱自己曾經進入博士班（「雖然我在飲料櫃檯工作，但別搞錯了，我可是很聰明的，我的程度足以進入博士班」），但同時彷彿也在自我安慰似的，又否

> 定了這件事的重要性（「我不是那種學院派的人，所以最後退出了」）。事實上，達明已經感覺到自己的後悔遠比他當初想像的還深。雖然以合理化的藉口掩飾悔意，但他多麼希望當初可以先拿到博士學位，再來決定自己的生涯規畫。

「投機取巧者」、「轉業達人」和「避免要求者」這三大類型的SLHPPs，可能會選擇基層的工作，但就像達明一樣，他們會選擇風格別具的工作場所，例如特別的咖啡廳或時尚精品店，讓普通的工作看起來比較高檔，也符合SLHPPs逃避正規生活的心態。

> 三十九歲的達拉聲稱她忠於自己甚於任何工作或老闆。她並不怎麼喜歡工作，一切只是為了餬口，所以她常換工作，看到哪邊有機會就往那邊去。
>
> 她半開玩笑的說，她形而上的反對物質追求，但是很快又補充，這不代表她完全放棄追求物質生活。達拉說，儘管聽起來很可笑，她還是瘋狂夢想著有一天能中彩券，或是得到一筆遺產，可以從此不用再工作。

很多SLHPPs聲稱他們不會被金錢所指使，寧願過苦一點的日子，也不願追求空虛的富裕生活或壓力太大的工作。然而，他們還是需要錢去旅行或追求其他事物，所以他們會找一些枯燥沉悶但薪水優渥的工作，想要存夠了錢就走人。但到最後，即使是錢也無法讓他們堅持下去。

四十六歲的塔瑪拉在一家高級餐廳當服務生，她不喜歡讓工作介入個人生活。雖然她當班時要面對工作的許多要求，但是一下班，工作就完全結束。她賺的錢比擔任國中英文老師的室友多，當老師不但工作時數長，晚上回家還要改考卷。工作在塔瑪拉眼中，只是一件浪費時間的事，因此她寧願做些簡單的差事，一下班，時間就完全是自己的，不必把工作的情緒帶回家。當服務生讓她可以盡情享受屬於自己的時間。

羅德是個三十一歲的泊車小弟，他從不奢望工作會多有趣。對他來說，工作只是達成目的的手段。每逢週末，他在舊金山一家餐廳泊車賺小費，平時則是寫劇本，但他創作的熱情已經不如以往。

查克當錄影帶店店員、羅德當泊車小弟，這些工作雖然不太具備理想工作的任何特質，但是簡單容易、沒有負擔的特質卻深深吸引著他們。羅德的工作內容簡單，排的班又不是尖峰時間，所以工作起來沒有任何壓力，也沒人會監督他，有時他還可以打個盹、看看書、去繳錢或是寫信，就像在家一樣。權衡的結果，他選擇這樣一份平凡的雜務工作，換來屬於自己的時間。

工作無法滿足自我成長的需求，其實不見得是個大問題。事業並非自我實現的唯一路徑。如果當初愛因斯坦乖乖坐在辦公室，而且工作表現良好，那麼今天的歷史可能就要改寫了。相反的，他私下從事的才是他的熱情夢想，也是人類史上的偉大貢獻。

四十四歲的湯雅說，無論她表面上看起來多麼順從，其實她很討厭被使喚，不喜歡在工作上被嚴密監控、評估或是審查，因為這剝奪了她的獨立自主權。此外她還表示，不是她要自誇，她的確比大部分的老闆和上司都聰明。不論她的職位是什麼，她自認是專業的，也希望別人如此看待她。

SLHPPs不喜歡被當作平凡人。不論他們的工作有多麼平凡，他們**絕不**平凡，過去、未來都一樣，沒有人可以忘記這一點。顯然是這種想法讓他們汲汲追求自由，不想進入複雜而責任重大的成人世界。這種拖延的心態來源為何？又會造成什麼樣的後果？

關鍵，就在細節

看到這裡，我們應該很清楚，造成自我設限和低成就的原因就是害怕失敗。因為害怕失敗，所以不去冒險；但是當你開始逃避，你就已經限制了自己的人生。

逃避比失敗本身更危險。你逃走了，就等於是邀請別人介入接管；然而很快的，又會出現下一個你想逃避的狀況。第一，因為這樣的逃避很有效，它讓你馬上從焦慮中得到解脫，因此拖延者會養成習慣。第二，逃避會中斷能量和動力。還記得我在小馬婚禮上遇到他的弟弟彼特嗎？他只是暫停當一個完美的學生，豈知永遠回不到正軌。

要了解逃避的代價，我們來看看下面的例子。你收到了一封信——不是私人信件，而且有點長——而你正在忙，本來想直接丟掉，但又覺得丟掉之前至少要先瞄過一次。但現在連瞄的時間都沒有，所以你先把它放在一旁，等有時間再說。

你可能不知道，此刻你已經製造了一個麻煩：它變成一件未完成事項。下次你再看到這封信，你會更快把它推開。你之前沒時間做的事，現在也不會有時間。因此你可以想像第三次的情況：**我連續擱置兩次的事一定很可怕，需要花更多的時間，但我現在沒時間**。未完成事項在你腦中的運作模式，大概是這麼回事。

因此我們得到一個定律：這次沒完成的事，下次就更難完成。必然的結果是：（一）如果你逃避去做某件事，下次很可能會再度逃避；（二）當你逃避某個人生的重大課題，就更難去面對下一個決定。

這就是各種形式的拖延或逃避的問題核心。你把某件事擱在一旁之後，潛意識就會不想完成。

三十四歲的寶拉說，每當信件開始累積，她就覺得有一股無形的力量在牽制她的注意力，就像格列佛在小人國被綁住一樣，最後會有種動彈不得、做什麼都不對勁的感覺。

逃避信件只是一件小事，但如果是關乎人生的重大抉擇，那麼賭注就高多了，雖然兩者迴避的心態運作如出一轍。逃避的傾向可從單一事件或某種行為模式看得出來，一旦養成習慣，就會變成你的人格特質。意識到自己從不堅持，你就會下「我缺乏毅力」這樣的結論。意識到自己事事迴避，你就會下「我是個逃避者」這樣的結論。此外，自我設限和自我挫敗的人對自己的抉擇還有個典型做法，就是不斷的重複，彷彿在宣告眾人：「我的決定沒有錯，我會證明給大家看。下次我還是會這麼做。」

前面提到的那個鍵盤手丹妮絲，她自我挫敗的抉擇就是不學音樂理論，她認為那是天賦不夠的人才需要做的事。事實上，她逃避的原因很簡單：因為學習理論既無聊、又需要付出額外的努力。她找不出任何理由說服自己，為什麼非要重視這種無聊的細節不可呢？

你就是非得這麼做不可。電影製作人、舞蹈家、劇作家、木匠、雕刻家、運動員，甚至是修車工人，他們的表現之所以出色，就是因為注重細節。他們不斷的從失敗中記取教訓，持續的學習。

如果你堅持大而化之，忽略細節，你就無法成功。令人滿意的成就和全盤的融會貫通，都需要投入相當的時間。如果你只追求即時的新鮮樂趣，等於是局限了自己的人生，永遠只能從事膚淺的活動和興趣。

我經常要求SLHPPs把他們每天如何使用時間仔細記錄下來，就像是報紙上的徵人廣告一樣。「每天必須重複同樣的活動×小時，沒有激勵人心的目標，不花時間思考，也不發掘內心深處的快樂，等等。」有誰會想去應徵那樣的工作和生活嗎？很顯然的，沒有。

屈服於害怕失敗的心態，會導致你踏上凡事逃避的歧途。當你習慣性的忽略、不注重細節，很多問題也會陸續衍生。

理財一團糟，沒耐性也不切實際

四十五歲的凱文債台高築，而且這不是第一次了。之前他每次都能還清債務，但這次麻煩大了。他癱在椅子上，望著天花板。接著，臉上露出微笑。一切都盤算好了，他一定能籌到錢解決問題。根據試算表軟體計算的結果，只要運氣好，他就可以及時拿到銀行儲金，把卡債還清。他甚至還告訴女友，今年他終於可以實現承諾，帶她去度假了。

凱文告訴我，過去他賺了很多錢，尤其是從史丹福大學畢業後，到藥廠工作的那段時間。但他自認為做了適當評估，於是把所有積蓄加上借來的錢一起拿去買股票。剛開始股價上揚的時候，他選擇不賣，認為還會上漲，有機會可以大撈一筆。當股票開始跌的時候，他還是很樂觀的守住觀望，直到最後賠了錢，他才驚覺，自己的財務狀況已出了問題。

他一點一點的、慢慢把這個洞補好，但過去這十五年來他沒有存下半毛錢，每次他一出手，就會有狀況發生。最近，他連醫療和殘障保險都沒有了，不過他對自己的健康很有信心。在冬季，他是滑雪指導員，夏天則擔任泛舟教練。旺季來臨前，他自己製作了一本小手冊和精緻的網站，宣傳他的旅遊教學行程，用光了向銀行借的錢，自己的卡也刷爆了。他說如果可以賣出團體行程，他就可以賺進大把鈔票，安心回家享福。

很多像凱文這樣的SLHPPs，財務狀況都很混亂，雖然他們老是歸咎於運氣不好或是其他原因，但他們真正的問題在於永遠不做好全盤計畫。因為實際的財務估算會讓他們覺得掃興，甚至有違他們最為重視的「自由」感覺。

在投資理財方面，SLHPPs總是熱情又有創意，但是沒耐性，也不切實際，尤其是像凱文這樣的「超級冒險者」，因此他們也常常破產。如果你像凱文一樣，對自己的財務狀況有過度完美的設想，就算你再會賺錢，最後也可能只剩下餬口的錢而已。

出現財務危機時，SLHPPs可能會被快速致富的計畫吸引，或是選擇高風險的投資。但實際上他們很少真正脫身，問題只會越滾越大。更糟的是，SLHPPs一出手就是大手筆，好像錢放在身上就全身不對勁似的，這種「錢乃身外之物，來得快去得也快」的態度，正好與他們揮霍的天性相呼應。

「絕不冒險者」總是在找藉口，認為很多事情比賺錢謀生來得重要，但他們常常不是欠親戚錢，就是被卡債套牢，或是滯納繳款導致信用不良。我接觸過的SLHPPs，很多都樂觀的寄望家裡的財產或信託基金有一天可以幫他們解決所有問題。還有人則是過著斯巴達式的刻苦生活，平常省吃儉用，但把錢都花在酷炫相機或是電腦相關商品上面。

沒有足夠的錢，你的生活就會受到限制。很多像凱文這樣的SLHPPs因為不善理財，總是處於經濟拮据的狀態。另一些人則像奎格，決定自己當老闆，但其實也沒賺到多少錢。

四十九歲的奎格從沒在一家公司待超過十一個月。他非常聰明，在學校主修數學，副修英文，成績相當優秀。他是獨子，也是父母的寄託，他們非常崇拜他。

他的父母都沒有唸大學，父親以維修電視為業，努力讓奎格的童年生活衣食無虞。母親則是家庭主婦，每天在家煮飯、縫紉、從事園藝工作。父母從沒重視過生涯規畫這種東西。

本來大學畢業後奎格就要結婚，因為戀情突然告吹而作罷。他看到一則校園報紙徵人廣告，以自由工作者的型態接下了編輯論文和手稿的工作。沒多久，他就愛上了這種時間很有彈性的工作。一開始他降價接案，藉此累積客源，支付當下的開銷，但很快的，削價競爭竟變成了常態。他住過三個大學城，往返於圖書館、平價住宅、優質的咖啡廳和戲院之間。賺大錢從來不是他的優先考量，他只求付得出下個月的房租就好。因此，沒生意接的時候，他開始向朋友和家人借錢。

像奎格這樣的「漂流者」和「絕不冒險者」，最後終於被財務狀況壓垮了。

老是累得跟狗一樣

你也許會認為，凡事都不想努力的SLHPPs一定都是享樂專家，很會充分利用時間放鬆解悶，從事各種休閒娛樂，致力於身心和美學的享受。其實，你錯了。相反的，SLHPPs的休閒方式通常是兩種極端的情況：不是匆忙遲到，搞得筋疲力盡；就是什麼都不做，讓時間白白流逝。他們很少走出戶外享受陽光、享受閱讀一本好書，或任何他們想做的事。

原因是，SLHPPs老是累得像狗一樣，他們的時間都用在挽救局勢上。他們的生活充滿重複而乏味的工作，缺乏優雅的節奏或是梭羅式的簡樸思想。簡單的說，他們幾乎沒空去做自己真正喜歡的事，只希望能好好休息就不錯了。因此，別說是自由了，他們常常作繭自縛，被困在自己築起的牢籠裡。

舉例來說，奎格覺得生活裡只有工作。家裡的每個角落好像都在提醒他，還有些工作沒完成。因此他很少出門，因為隨時有事需要他處理。有時他決定暫時逃離一切，放下未完成的工作跑出門，事後卻只是更加慌亂而已，因為他可能要花上一整個星期苦戰。

SLHPPs都是好奇心強的享樂主義者，但他們嚮往的休閒質感，最後往往只變成窩在家當懶骨頭而已，真正的享樂和自我實現就是與他們無緣。要享受休閒時光，首先，你得先把時間空出來，而且絕不能妥協。這表示你必須在之前把手邊的事情完成，才不會分心。要及時完成任務，你需要完美的時程規畫，而且要妥善利用時間。另外，事前要先考慮清楚：什麼才是你真正想做的？需要花多少錢？什麼時候可以成行？要怎麼做？做這些決定其實不用花太多時間，但是SLHPPs凡事不喜歡動腦筋，就連這點時間也做不到，所以最後通常還是妥協，日復一日過著相同的生活。

三十九歲的南西目前單身，從事業務工作。在長途出差之後，她很希望可以有個空檔好好放鬆。但是在家看了幾天的錄影帶、大吃垃圾食物以後，她發現這種休閒活動一點也不好玩。問她打算怎麼辦，她略顯苦惱的說：「我想我會找一些人，組個小組討論電影或什麼的。」

南西並沒有好好利用寶貴的休閒時間。她渴望的放鬆和樂趣，是需要妥善規畫的，不然很容易毫無目標，變成只是在殺時間。檢視一下自己放假的時候都做些什麼吧。也許一直以來都是老樣子，根本就沒有更新過。

如果你覺得自己沒有資格放假享樂，因為有一堆事情還沒做完，那你就錯了。創造快樂的人生就跟完成工作目標一樣，需要技巧，所以尋找能讓自己身心滿足的休閒，也是一門學問。更何況，每個人都需要生活樂趣。如果沒有充電和放鬆的機會，怎麼會有力氣應付生活上複雜難纏的挑戰呢？好好計畫這個禮拜天的假期，而且，無論如何都要好好實行。然後，把規畫假期的這份專注同樣用在工作上，努力實行。致力於這樣的練習，可以讓你的人生更加美好。

也許你很熟悉這種感覺：一切都太趕了，根本沒有時間改變現狀。你不想追求一些無謂的進步，一切都很沒意思，自己沒有主導權，毫無計畫的一天又過一天，發呆，嘆氣，吃著自己不想吃的東西，毫無目的的往前走。

這也是一種生活方式嗎？我不認為。生活，除了工作、理財和休閒之外，還有些別的東西，譬如人際關係，同樣需要你去經營、付出關心、讓它圓滿。

美好的人際關係

對於那些不想付出努力、只想隨波逐流的人來說，真實的人際關係代表另一種他們無法適應的要求。它不只是社交上的應對、歡樂的時光、機智的對話、有趣的故事，以及到處結交新的朋友。良好的人際關係需要長年經營，它關乎人性中所有美好的情感。

經營美好的關係，需要智慧、真誠、誠實、自省、寬容、自制、耐性和時間。這些本來就是人生非常重要的特質，但它們也包含了一些風險。SLHPPs常常都是派對裡的核心人物，人氣一級棒，但他們真正的朋友卻不多，因為他們避免爭吵，也害怕被拒絕。有些SLHPPs為了怕被拒絕，根本不主動邀約別人，總是等著別人來找他們，最後，人群都慢慢遠離了。親密關係的要求甚至比工作的要求還多，如果不去學習箇中技巧，你將深受人際關係的複雜性所困擾。和其他成就一樣，只要你投入心力在其中，就能得到回應。

之前提到的辛蒂，驚覺自己已陷入一段認真的感情關係，為了避免感情受傷可能受到的羞辱，或因為談感情而變得脆弱，她的解決方式就是不要投入。她希望一切都在掌控之中，害怕自己像翻了身的瓢蟲一樣陷入無力感。因此，她不想學習如何表達自己、如何設定和尊重界限，以及如何妥協。寧願讓感情來來去去，不想太認真，還對外宣稱她擇偶的高標準。但是，當她的新男友出現，符合一切條件，也非常喜歡她、了解她，她卻覺得自己喪失了防衛能力，真實的自己完全暴露在他人面前。所以她選擇逃避，要在他拒絕她之前逃離這一切。

講到人際關係的圓融輕巧，如果你能看得開，讓一切輕鬆隨興，倒也不是個壞主意；但是如果你凡事都看得太開，表示你將錯失一些需要認真經營的感情，人際關係會變得像那些不注重口味的低卡食物一樣，毫無營養或美味可言。就像道格希望與女兒艾美維持表面的和諧，但是這種表面關係卻阻斷了他們之間真正的親密和分享。

不想讓彼此的對話太沉重，原本無可厚非，因為如果每次溝通都是那麼火爆，其實無法真正改善彼此的關係。但完美關係不能只靠表面和諧來維持，凡事都想雲淡風輕，只會更加疏離。辛蒂從沒準備好接受一份正式的感情。如果你也認為一段美好的關係應該輕輕鬆鬆、沒有負擔，那麼你就忽略了「複雜」的美好和價值。

在一段親密關係中，你常常會說出或聽到一些重話，但可別用「不要來煩我」這種低階的方式來處理衝突。圓融的技巧不好學習，卻是一段美好關係所不可或缺的。然而，為了與人為善，所以避開所有不愉快的情形，也是一種自我挫敗的行為。每一次你選擇沉默或是不聽別人說的話，都在加速這段關係的結束，因為你變得不耐煩，對他或她採取冷淡回應的方式，製造了溝通上的裂痕。

SLHPPs通常有兩種自我保護，也就是自我設限的姿態：偽裝強悍或「實際」，不然就是無可救藥的浪漫，有時兩者互為掩飾。現實主義者對浪漫嗤之以鼻，他們以實用主義的立場來看人際關係。相反的，浪漫主義者追求一種唯美的心靈交流，但設定過高的標準，為難自己也為難別人。兩者都害怕被騙、被傷害，所以築起高牆，不肯深入了解另一半和朋友。

你是不是個好情人？

除了浪漫主義和現實主義兩種類型，以下所列的幾種模式也都是為了避免與他人交往太深，不想去探索良好關係的典型。拿來與他們的工作態度做比較，你會發現兩者的相似度。

漂流浪子型（Relationship Coasters）：這種人不但避免無謂的掙扎，連基本的溝通也不多做努力，無論是深入討論主題，或清楚表達自己的感覺，他們都不想嘗試。漂流浪子常常粉飾太平，因此一段關係往往無疾而終。失敗之後，他們往往覺得一切只不過是個錯誤，決定繼續向前走。他們投入感情只是因為方便或激情。

單軌情人型（One-Track Lovers）：這種人為了避免個人感情投入和分手的結局，專門追尋只有性愛卻不必負責、不必互相吸引、不必付出個人情感的關係。

東藏西躲型（Hiders）：這種人用各式各樣的藉口，像是自己有小孩、目前有交往對象，或有其他責任義務等等，來逃避親密關係。

角色扮演型（Role Players）：這種人營造一種麻煩的形象，像是用下半身思考、大男人、憤怒女，或是受害者等等，讓別人不敢靠近他們。

跳房子找情人型（Relationship Hopscotchers）：這種人的親密關係一段接著一段，每次都以為終於找到正確的對象，因而許下了婚姻的承諾。當他們失望之後，立刻想到的就是再找下一個目標，繼續幻想他們做了完美的抉擇，再次以結婚為前提與人交往。

遊戲人間型（Relationship Surfers）：他們喜歡短暫且強烈的付出，而不願維持長期的男女關係。他們只享受墜入愛河的感覺，但無法成功經營之後的相處。他們厭惡平凡，殊不知激情之後本來就會降溫，歸於另一種平凡，因此他們逃避婚姻。

征服花名冊型（Sheets Surfers）：這種人把性當作運動和冒險的手段，常常發生一夜情，享受挑逗的過程甚至勝於性愛本身。這種人急於證明自己的性魅力，喜歡挑戰刺激的快感。

衝動型（Plungers）：這種人常常一時衝動做出冒險的舉動，例如認識一個人不到幾小時就閃電結婚、私奔，還有其他戲劇性的行為。

寧缺勿濫型（Perfect-or-Nothings）：這種人尋尋覓覓，一心一意只想找到自己的白馬王子或白雪公主，其他的一概不考慮。

成年後，SLHPPs自我設限的習慣讓他們陸續嘗到不良的後果。他們沒有準備好進入這個階段，最終面臨了各式各樣的問題，產生自我懷疑，深深處於後悔當中。

小心「後悔」這種感覺

他精神上的痛苦源自於那天晚上。當他看著格拉西姆睡眼朦朧又善良純真、顴骨略為突出的臉龐，他突然覺得：「如果我的一生根本就是個錯誤呢？」他以前絕不會這樣想，現在卻深深覺得自己沒有善用人生。他想到自己曾經微弱的反抗那些高官們所認定的價值，這些他馬上就壓抑住的微弱意圖也許才是真理，其他的一切都是虛假的。他的公職、他的生活安排、他的家庭、他社交和工作上的興趣，有可能都是錯的。他企圖替自己辯護，但馬上對他所要辯護的東西感到心虛，一切都是那麼明顯。他告訴自己：「如果真的是這樣，那我豈不是在臨死之前才體認到，我搞砸了上帝賦予我的一切，如今已經無可挽回？怎麼辦呢？」

托爾斯泰在《伊凡．伊里奇之死》（*The Death of Ivan Illich*）的結局，捕捉了一個人在生命走到盡頭時，才深刻了解自己虛擲一生的惶恐。光是「後悔」兩個字，恐怕不足以形容這種感覺。覺得自己的人生空虛、不值得一提；迷迷糊糊中錯失了本來可以更豐富的人生——想到這一切，其實是很痛苦的。

要小心「後悔」這種感覺，它是個狡猾的傢伙。從中記取教訓就好，但千萬不要耽溺其中，一不小心，它可能會誘使你為了搶救失去的時光，做出一連串錯誤的嘗試。你會開始以最奇怪的角度，從最遠的地方丟擲小沙袋。你也可能在自認無法彌補錯誤之後，徹底被擊垮，從此動彈不得。很多「自我懷疑／自我打擊者」，通常都會在這個地方倒地不起。

德瑞克放棄顧問公司的職位，只因不敢面對新的挑戰。他開始退縮，最後生活變得停滯不前。他把自己貶得不成人樣，開始覺得黑暗無望，好像可以預見自己生命的結束。他變得沒有活力，因為缺乏運動，肚子變得越來越大。他也不出去約會了，因為他覺得女人一定會發現他的落魄，覺得他一點也不性感。他好幾個月都沒好好看本書、欣賞音樂，反而開始在深夜看著「教你如何快速致富」的電視資訊廣告。

當你停止怪別人、怪環境、怪運氣，不把自己的人生歸咎於他人，那麼，你一定會進步。當然，了解自己困頓的原因是很重要的，但打擊自己並不是負起責任的方法，它只是一種逃避自省的方式，因為你明明知道真實的原因是什麼。當你肆無忌憚的怪罪自己，表示你忽略了理性檢討的部分。如果一味指責自己「先天不足，後天失調」，可能就會陷入「改變是不可能的」的詛咒，認為自己已經沒有競爭力。這些都是錯誤的結論和逃避的方式。

雖然大家都希望在錯誤造成前可以先學習避免，但事實上這是不可能的。如果你對自己太過嚴厲，只會讓過去的錯誤成為今日和未來的阻礙。你必須對後悔施以反擊，否則它就會毀了你。

四十二歲的珍妮佛說：「已經到了『連看到鏡中的自己都嫌惡』的地步了，我恨自己的雜亂和失序、恨我的車、恨我的房子、恨我的衣服、恨我沒看過的書，恨我自己裝作不在乎的樣子，恨所有自己說過要改變、卻沒有實現的承諾。我更恨的是，自己是個大懦夫，什麼都不去改進。」

很多SLHPPs孤立自己，讓自己去忍受「不夠好」的狀態。如果你的生命出現了這些危機，你應該感到慶幸，並且善加利用，成為日後的轉機。不要等到臨死前才驚覺：「天啊，我的一生就這樣過了。」你是自己生命的守門人。每一天，你都可以自己決定要怎麼活。

II

你變了！

第4章

誰說本性難移

我們必須堅持與以下兩種瘋狂對抗：相信自己無所不能；相信自己一事無成。

——亞倫《亞倫論幸福》Alain, *Alain on Happiness*

如果改變是一件很容易的事，這本書就沒有存在的必要了。但如果改變是不可能的事，我也沒必要寫這本書。全力奉獻在真心想望、值得的事情上，你才能真正成為自己生命的主宰，並且樂在其中，更加積極追求自我的實現。

但，要如何達到這個目標呢？

沒有人可以輕輕鬆鬆就改變習慣，尤其是對付那種長時間累積下來的難纏積習。如果你永遠只想不費吹灰之力就完成任務，很快就會失望。那些阻撓你看清自己潛力的鴕鳥心態，也會阻撓你改變。

真的這麼難嗎？當然不是。你只是缺乏某些技巧和認知。本書第二部分的主題，就是教你這些知識和技巧。

然而，比起實際採取步驟去改變，更困難的是去理解「改變」這個抽象的概念。如果你壓根不相信人可以改變，認為老狗變不出新把戲，本性難移，那麼你就會產生抗拒的心態，甚至完全不改變。

關於改變，其實有很多簡單而有效的方式，但大多數人卻往往有許多誤解。有人深信，必須受到高人指點或靈性啟發，才有可能改變，如果不是印度高僧的指導，至少也得是心理醫師的治療。有人則相信光靠想像就可以促成改變。在本章中，我將明確告訴你改變的步驟，你可以預期什麼，不要妄想什麼，還有改變後的收穫。

付出努力、嘗試改變之前，你必須先接受「改變是可能的」這個想法。為了幫助你接受這個概念，我想先從人們對改變的諸多疑問、迷思，以及誤解這些部分切入。

放下你心中的抗拒吧

剛搬到巴黎時，我拋下很多有意無意間養成的、根深柢固的習慣，一頭栽進一段陌生而刺激的全新時期。我變得笨拙、洋相盡出，一切似乎都脫序了，我很不喜歡這種惱人的感覺，開始尋求方法改變。但我常常試著放慢適應的速度，提高過程中的痛苦。

我們面對改變時的態度都是一樣的。不論一開始我們認為改變有沒有用、有沒有必要，我們很容易不自覺的心生抗拒。心理學家米頓．艾瑞克森（Milton Erickson）曾說過，人們來接受心理治療，因為他們想要改變，但只想用他們的方式改變——而這些方式通常都是改變的阻礙。

丹麥作家卡爾・吉勒魯普（Karl Gjellerup）的諾貝爾文學獎得獎小說《朝聖者卡瑪尼塔》（*The Pilgrim Kamanita*）中，主角卡瑪尼塔想要改變他的人生，他深信在朝聖的旅途中，能夠受到佛陀的啟示，找到他渴慕的生命之光。旅途中的某天晚上，卡瑪尼塔被迫與一個和尚住在同一個旅館房間，這個人知道他朝聖的目的之後，跟他說了一堆扭曲的、謬誤的佛陀教義。卡瑪尼塔得知自己的無知之後，感到很不舒服，隔天早上就放棄了旅程，而且很慶幸終於擺脫了這個麻煩的傢伙——他壓根不知道跟他共度一晚的這個和尚，就是佛陀。

學習新事物的過程中，我們難免會受到先入為主的觀念影響，當你接收到一個新資訊，就像已經適應黑暗的人突然面對強光，會瞇眼閃躲，甚至閉上眼睛，回到自己熟悉的昏暗光源。不然就是一頭熱，沒做好充分的準備就投入，就像在滿溢的酒杯中再倒入新酒，難免造成令人氣餒的漏損。

如果你還沒做好準備、還不夠敞開心胸、還沒有全神貫注，那麼，即使做了努力，改變的成效也有限。因為準備不足而導致失敗，就像木匠沒測量好，卻怪罪於他的工具一樣。

想要改變就必須採取行動，堅守那些阻撓你成功的習慣，只會讓你越陷越深。改變無可避免的需要你個人的投入。如果你認為改變代表著要為自己日後的行為負起更大的責任，而你不需要、也不想這麼有責任感，那麼，你不會真正改變。

涉及自我意識形態的時候，我們更會抗拒改變。普利史考特・雷契（Prescott Lecky）在一九四八年的著作《自我一致性的理論》（*The Theory of Self-consistency*）中提到，人們寧願保有自我的和諧，為了價值觀的前後一致，不願輕易改變，即使這樣的改變是有益的。大家都覺得自己知道如何應對進退，更知道什麼對自己來說是可能的。

但是你**真正**知道的，只不過是你慣常的想法和舉止。警方長期利用人類慣性行為學來解決犯罪問題，因為每個人的行為都有模式可循，很少會嚴重偏離這個模式。你用同樣的方式綁鞋帶，洗澡時同一隻腳先踩進浴缸，你擁有同樣的思考模式和感受層次，也一再犯下同樣的罪。

當你想要改變的時候，表示你厭倦了自己的弊病，但你不知道，它正阻撓著你尋求解藥。就像卡瑪尼塔一樣，你依照自己先入為主的觀念和偏見，尋找解決問題的方法，因此你很容易採取現有、便利的方式。在蘇菲教派的故事中，納斯魯汀（Nasrudin）在街燈下尋找他遺失的鑰匙，不是因為他可能把鑰匙丟在那裡，純粹只是因為那邊的光源充足。想要改變，你必須把既定的概念放在一旁，敞開心胸接受全新的、令人驚豔的可能。

卡莉在「極限潛能計畫」課程結束的六個月後，再度拜訪我們。她說自己最大的改變是在她始料未及的地方。她是個自由工作攝影師，但因為懶得處理生意的細節，所以之前的事業成就有限。她總是爽快的接下案子、貢獻創意，卻不想處理預算編列這類的紙上作業，老是拖到最後才動手。學習與這些繁文縟節共處之後，她開始接到更多自己嚮往的專案。

如果你想改變，也拒絕了深夜電視資訊廣告中那些不花力氣就能達成的建議，那麼，你做對了。如果改變那麼容易，你早就變了，不是嗎？你知道，改變需要更多的東西。

改變的祕密眞理

以下是關於改變的祕密真理，可以幫你省下許多誤打誤撞的時間和心力。如果你能融會貫通，就能以更有效率的方式，達成你尋求的改變。

- **選定目標集中努力，改變會比較容易**。想要同時進行多項改變，無非是自掘墳墓。不要太貪心，你不可能一下子就全盤改變，因為人的注意力是有限的。我將提供你一個基本的模式，告訴你從哪裡著手，才能獲得最佳效果。適度的、有方法的慢慢前進。一次訂立太多目標，就像是從房間最後面投擲沙袋一樣，是典型的自我挫敗行為。
- **想要改變，你必須抱著長期抗戰的準備**。速度看起來似乎很重要，但卻不是最重要的因素。一開始的失望，不代表你走錯了路；初期令人振奮的成果，也不代表你正走在康莊大道上。長程規畫需要你的堅持、徹底改變的決心和無條件的奉獻。不要冀望「魔鬼式減肥法」這類立即可見的效果，而是要以改變生命中最重要的一部分為目標，並且永久的保持下去。這種轉變需要你投入時間和勤奮，但並沒有你想像中的那麼難，也不會超過你的能力所及。減肥者之所以失敗，因為他們相信立即且劇烈的方法，但最後很容易故態復萌。如果是因為之前的飲食方式造成你的肥胖，但你不去改變它，那麼你會復胖一點也不讓人驚訝。當你強調速度，你就會忽略掉重要步驟，或是無法長期維持下去。能夠成功減重的人是因為他們能夠永久改變飲食方式，並且增加運動量。改變，就是永久的堅持。

- **當你付出了努力卻沒有明顯效果的時候，堅持下去，不要覺得麻煩、困擾或想放棄**。改變需要時間，而且初期的效果通常令人沮喪。很多人中途放棄，只因為懷疑或無法接受這樣的結果。你必須調整目前的思考以及習慣的運作模式，並且對於調整會造成暫時的不適和痛苦，做好心理準備。

- **混亂和挫折，證明你正在改變**。這是你需要具備的基本認知。中途的挫敗常會讓人以為進步不如預期，所以一遇到挫折就放棄夢想，殊不知混亂會隨著時間漸漸趨於平穩。所謂的改變，代表你拋棄以往的習慣，接觸新的事物。開始時當然有點麻煩，一旦你習慣了，一切就大功告成。如果你了解這一點，你會堅持面對挑戰，不會因為表面的挫折而氣餒。

- **你無法改變過去**。如果你的人生到目前為止，只能用「平凡無奇」四個字來形容，你也無法回到過去，重新再來。但幸運的是，你可以隨時去學習，或做任何你過去不想學或不想做的事。你可以從這一分鐘開始，改變人生的走向。
- **問題從來就不在於「你是誰」，而是：你選擇要做什麼**。固定的行為模式會限制你的成功，唯有當你認知到：自己有能力選擇新的方式，並且付諸行動，改變才真正開始。
- **你需要全神貫注的思考、準備、決定你的行動計畫，並且持之以恆**。改變就是面對新的要求，直到你適應新的習慣。這項投資是值得的，因為留在原處，你的行情並不會看漲。
- **改變不是「發生在你身上的事」，而是「你要去做的事」**。唯有付出努力，才能成功改變。如果你只是等著改變降臨在你身上，或是期望情勢轉變，那麼，你會一直等下去。等待幸運之神眷顧，並不是改變的好方法。幸運早就降臨了，你的才華洋溢，不是嗎？再等下去，只是拖延改變而已。
- **改變是一種學習過程：學習以不同的方式去做事**。人的一生就是不斷學習和改變，這並不複雜，也不困難。更何況，你總能快速學習。

■ **在學習過程中，失敗是必要的**。從學習中進行各種嘗試、從錯誤中學習，精進自己的技巧。

今年四十歲的克萊瑞絲回想，在她八歲的時候，很想要一雙溜冰鞋。一開始父母不買給她，因為他們覺得溜冰太危險，但克萊瑞絲一直吵著要，終於在聖誕節，她得到了一雙溜冰鞋。克萊瑞絲第一次穿上鞋練習時，父母堅持要陪在身邊，兩人分別扶住她，防止她跌倒。接下來的三個禮拜，每次她出門，父母就跟著一起去，用同樣的方式輔助她。最後，她一點進步都沒有。不僅如此，她還失去了興趣，從此將溜冰鞋束之高閣。克萊瑞絲沒有跌倒，但也沒學會溜冰。

做個實驗：瞄準一個方向丟東西，看看自己從哪邊開始偏掉、偏了多少，然後再瞄準一次。想要學習，就必須面對狼狽和失敗。改變就像幫你準備好溜冰鞋，讓你去學習溜冰的技巧。但是過程難免錯誤百出，所以敞開心胸接受吧。

■ **改變的發生並無規律**。改變沒有規則可言，出現的速度也不會永遠都一樣。有時你進步得很快，有時很慢。就像蝴蝶的生命週期一樣，有些事情會蟄伏好一陣子才會出現。

■ **改變的過程中你會一再受挫**。挫折不但是改變的必經過程，更是你正在進步的證據。當你離開熟悉的環境，踏上全新的道路，路上難免會遭遇到阻礙。即使改變的過程非常順利，你也可能突然遁回以前熟悉的行為，或是突然停滯、退步，需要再度調整自己。不要擔心、不要給自己太大壓力，挫折就像學習溜冰時不斷滑倒一樣，是正常而必要的存在。如果你太大驚小怪，就真的會被挫折拉著走，成為說服自己放棄的理由。

■ **企圖同時嘗試太多改變，只會適得其反**。問題就像我們之前提到的，人的注意力是有限的。當你同時專注在太多事情上，一定會導致分身乏術。最好一次集中注意力在一個或少數目標，不要太貪心，不要想在一星期內就改變很多事，否則你會被搞得筋疲力盡，注定失敗。

■ **在掌控範圍下慢慢的改變**。請放慢腳步、循序漸進的改變，你才能從中適應新的技巧。最好從自己的例行活動中開始調整、控制在自己可以處理的範圍內，才能觀察到具體的進步。實行某些步驟的同時，會強烈影響到其他事情的進行，這些步驟會耗掉你很多的時間和精力。所以選擇從簡單卻有影響力的改變著手，也就是我將在第六章提到的「十五個任務」的主要概念。

■ **詳細規畫，改變才能順利進行**。最重要的是：你選擇做什麼、什麼時候做。隨機的散彈式策略既沒有效率，效果也不彰。詳細思考你要的改變，花越多的時間規畫，進步的機率就越高。第一次的成功會影響到下一次的任務，環環相扣。所以，評估後再照計畫進行，不要匆忙行事，你就能更快達到目標。

- **改變是建立在改變之上的**。根據計畫實現某個改變之後，你的下一次就容易多了。當你有了初步的改變，你不只跨越了該方面的障礙，更克服了心理障礙。當你跨越了那個臨界點，等於是把障礙的高度降低，下一次就能更輕鬆跨越。如果你學會了基本技巧，就可以更容易的繼續培養更加複雜的技巧。

因此，成功的改變創造了兩種效果：你不只有了具體的改變，也學會**如何**改變的技巧。當你逐漸累積成功的經驗，你也建立了更多自信，可以繼續進行更多的改變。

以下是關於改變最常被問到的問題：

- **真的可能徹底改變嗎**？很多人只能做到些微的改變。他們為了避免矛盾和衝突，堅持墨守成規。但另一方面，很多人可以完完全全的改變。他們減重、戒菸、轉行、學會吹奏單簧管，或是學會莎莎舞（salsa），儘管他們之前從沒跳過舞。這些人之間的差異，就是他們的視野和觀點。

成功改變的人從來不問「有沒有可能改變」，也不會找藉口說服自己無法改變。相反的，他們毅然決定去改變，將「改變」這件事變成他們的首要目標，並且盡全力去完成。無法改變的人，不是因為改變本身不可能，而是他們限制了自己的可能性。

■ **改變是否需要某些人格特質？**人類絕對具備改變的潛質，否則不可能在物競天擇的環境下進化生存。人類絕對可以適應環境，更何況SLHPPs比普通人更具天賦、更具適應現實的條件。用行事曆記下變更事項、會議和約會，記住自己的行程和所有待辦事項，這些都是改變所需要的技巧。你絕對擁有改變的能力和力量——只要你**決定**使用它們。

■ **改變自我設限的行為模式，是否需要特別的頓悟，或徹底改變自己的人格？**改變慣性自我設限絕對不能只靠幻想。它不是靠哪天突然覺悟，也不必徹底改變人格，相反的，是從很平凡、普通的地方著手。你必須持續的觀察、培養新的技巧，好好運用這些當初你用來建構世界的工具，並且學習獨立。為了改變，你要詳察阻礙自己成功的積習，然後用新的技巧和習慣將它替換過來。你進步是因為你改變了做法，而不是改變了自己。

■ **改變是不是需要特殊誘因和好心情？**老是等著哪天有心情再來改變的人，可能一輩子都無法改變。看心情才改變的人，無疑會耽誤許多時間，而刺激你改變的誘因也可能在幾個小時內消褪。你需要的是技巧，而不是心情。更何況，當你採取行動之後，心情也會跟著改變。所以一開始先不要顧慮心情，直接做一件讓你快樂的事，就是獲得快樂的最快方式；枯坐等待快樂心情的到來，無疑只是浪費時間。太多事會影響你的心情，你要學習如何轉換和掌控自己的情緒。此外，如果指望改變後就能永遠維持快樂的心境，你可能會大失所望。雖然如此，樂觀的生活態度絕對是快樂的基礎。

■ **需要接受心理治療才能改變嗎？**心理治療是一件好事，認識自我也很有益處。但是你不需要完全的自我認知，甚至是心理分析或治療，也能改變自我設限的行為模式。有人會用心理治療當作拖延改變的藉口，他們聲稱「在我改變之前，我還有很多事要克服」。絕對不要用接受治療當作不改變自己的藉口。除非你需要幫助才能看清阻礙自己的模式，那麼心理治療可能是個良好的協助工具。

■ **負面的習慣是否會阻撓我改變？**負面的習慣阻撓你成功，如果你放任它們的話，它們也可能阻礙你進步。為了改變，你必須將這些特性用在別的地方。舉例來說，如果你是個頑固的人，換上不同的場合它卻可能是一種「執著」的表現。把你的頑固用在一件新的事情上面，如果你無法容忍挫折，那麼試著變成：無法容忍自己「無法忍受挫折」這件事。如果你很善變，就試著這樣想：當情況不對時，重新開始絕對比固守舊策略來得高明。

你會發現，所有的個性都有好壞兩面，從負面的習慣裡找出正面的因子，就能改進並增強自己的能力，也會改善你對自我的評價。讓想法彈性一點，就能跳脫傳統的限制。你不需要成為自己性格的犧牲品，你可以發揮得更多，你必須一路見證自己個性的轉變。調整心態，從看似缺點的性格中，找出正面運用的空間。

■ **對於很怕麻煩的人來說，改變會不會太麻煩？**改變的確需要全力以赴，但別忘了，投機取巧、半途而廢或平庸過活，同樣也會消耗你的時間和精力，因為你必須隨時補救自己的失誤、為失敗找理由，說服自己和別人。所以，現在開始，從小處著手，努力付出，長遠來看可以幫你省下很多時間和精力。認真而專注的培養新的做事習慣，可以大量減少工作時間的浪費以及無謂的錯誤，你的生活也會更加輕鬆，有更多的餘裕從事不同的目標，過真正的生活。

■ **每個人是不是都有無法改變的地方？**這個問題跟之前提到的「改變需要具備的條件」有很大的關係。無疑的，有些事情是你不可能改變的，你再怎麼揮動手臂，也不能飛上天，但我相信，你想改變的不會是這種事。你所謂「自己**做不到**的事」，通常只是你過去「沒做過的事」。當你遇到某種情況，需要你去做一件以前沒做過的事，你就會用以往的經驗，斷定自己無法完成。這是錯誤的推論。其實你現在正在做的事，有很多都是你以前沒做過、也認定自己不能做的事。你可以將改變的過程，細分成具體可行的步驟，就能熟而生巧、循序漸進的完成。

■ **要是我錯失了某些機會，現在是否已經無法重新來過？**每個人都曾經錯失良機。如果你認為現在為時已晚，就跟那些妄下定論、安於現狀的人沒什麼兩樣。你會因此陷在後悔當中，連正在眼前的機會都看不見。你不能改變過去，但可以把握現在。你要決定如何利用現在，改變未來。機會可以藉由兩種方式獲得：找尋，或創造。不要因為自己在某個時候錯過了某個機會，就覺得錯失了**唯一**良機，很難再翻身。人的一生有很多重要時刻，當然也有很多選擇。知道自己錯過了機會，就是調整和改進的契機。

■ **要是我懶得改變，或是心有餘而意志力不足？**認為自己懶惰、沒有動力，你就真的會變成這樣的人。亨利・福特（Henry Ford）曾說過：「不論你相信自己能做什麼、不能做什麼，你都是對的。」他也是對的。懶惰是一連串的習慣造成的。如果你消極認定自己就是懶惰的，它就會像遺傳因子一樣，一直跟著你。意志力也是可以學習的技巧。

要是吸收了以上資訊，你嘗試著改變，卻還是無法成功呢？接下來讓我們來看看害怕失敗的心態——這種心態將會導致你錯失更多機會，犯下更多不必要的錯誤。

三個管家的故事

如果凡事避免冒險，我們就徹底失敗了。

在〈馬太福音〉第二十五章中，有這麼個寓言故事：旅行之前，地主給了一個管家五個「他連得」（talent，一種古代貨幣的名稱，但是你可以把它當作另一個意義：才能），給另一個管家兩個他連得，給最後一個管家一個他連得。前兩個管家將這些錢拿去投資，每個人回來時都帶著加倍的收穫，主人非常開心，重賞有加。

第三個管家因為害怕投資失敗的風險，直接把錢埋在土裡。主人非常憤怒，他認為這是懦弱和不忠誠的表現，當場就把他開除了。

不去嘗試就是一種失敗。成功的唯一方法就是不斷嘗試。才華本身並沒有太大的意義，再好的手段和方法如果不表達出來，也無法成就任何事。儲藏而不使用，就是一種欺騙行為。不願承擔風險，還用藉口搪塞，不忠的管家只想避開自己的恐懼和負擔，因此辜負了主人的信任，不但背叛了主人，更背叛了自己。

很明顯的，耶穌認為這種荒廢天賦、不事生產的心態是很不可取的。文獻裡記載，祂曾詛咒一棵樹枯死，只因它不結果實。如果你一直埋沒自己的天賦，也就是對自己不忠實。

詩人里爾克終其一生絞盡腦汁不斷的創作，他曾對凡事想走捷徑的人說：「人們總是因襲傳統，用最簡便的方法解決問題，從簡單的方法裡，還企圖找出更簡單的方法；但我們必須知道，萬物皆是在艱難的環境下求生存，存留下來的事物也都是如此。在大自然的定律中，每種生物都用自己的方式生存和成長，這出於自發的天性，讓你不計一切代價，對抗所有違反自我生存的逆境。」

很多SLHPPs年輕的時候總是說，他們希望未來可以掌握自己的人生，但他們長大之後卻想盡辦法避免承擔責任。每當出現可以突破和成長的機會，他們總在最後關頭臨陣脫逃，就像德瑞克一樣害怕失敗，害怕永遠不能翻身。

事實上，完美的人生建築在一次又一次的失敗上，沒什麼好悲嘆和閃躲的。想要體驗真實人生，就要欣然面對現實。唯有接受挑戰、承擔風險、經歷失敗，你才能學會生存之道。如果你總是不費吹灰之力就完成事情，便不會有足夠的雄心，也會永遠將自己限制在相同的領域裡。如果你的人生志在避免失敗，那麼，你已經限制了自身的發展。

事實上，失敗正是你最需要的機會，這種機會越多越好，直到你習慣克服和成長。愛迪生不斷嘗試，用了一萬六千多種材料，想從中找到一種金屬絲，可以成為光的導電源。在一萬六千次失敗之後，他終於成功了。學著將失敗視為從成功中提煉出來的黃金，因為它蘊含了可供學習的重要資訊，遠比快速成功更有價值。

勇敢的作家凱薩琳・海瑟威（Katherine Butler Hathaway）曾經創作了膾炙人口的勵志作品《小鎖匠》（*The Little Locksmith*），在她五十二歲過世之前，曾寫下了這麼一段話：「我的人生和多數人一樣，充滿著一連串的失敗，我無法否認、也無法欺騙自己。但是沒關係，大家都一樣，失敗是人類最棒的經驗。」

這段話並非充滿遺憾的自憐式詮釋，因為她稍後還提到了對人生的見解：「喔，比一般人更幸運的，是擁有高貴和堅定人格的人……他們夠瘋狂和大膽，敢於力抗自滿、惰性和輿論，傾聽自己內在堅定而清新的聲音。在重要時刻，這個聲音會大聲說話，告訴他要堅持下去。」

海瑟威的一生充滿驚險、魅力和痛苦。她染上肺結核，五歲到十五歲都臥病在床，因為病菌侵入脊椎，造成永久傷害，她的身高只有十歲孩童的高度。然而，海瑟威決定活出自己的人生，憑著這樣的決心，她成為出色的作家、畫家，熱情參與生命，無畏的愛人與被愛。

海瑟威從來沒有選擇安逸的路，她將失敗視作成長的動力原料。你遇到的人生障礙也許未必這麼艱難，但每個人的人生中，難免會出現各式各樣的難題。

克服對失敗的恐懼感，唯一的方法就是面對它。當你改變對成功和失敗的定義，你對失敗的恐懼也會消失。對SLHPPs而言，成功就是把某件事做到最好，除此之外都是失敗。其實，你最大的失敗就是尚未開始；沒有做到最好只是一個過程而已。生命的真正成就在於參與，而不是保留。

當你改變了你對失敗的定義，你對於犯錯本身也會有不同的解讀。犯錯正是你放開舊習慣、學習新事物的重要象徵。只有實際犯錯，你才能吸取經驗，轉化成實用的原則。不要躊躇不前、不敢冒險，下去攪和、盡情犯錯吧，你會從中了解真實人生，知道什麼對你是最好的。

海瑟威曾這樣描述自己做決定的過程：「我會先將內心的掙扎分類，看哪些是出於恐懼，哪些是因為想要突破；如果兩者都有，我會將它們歸於想要突破那邊。我想，黃水仙或番紅花能夠從濕冷的泥土中冒出來，一定有某種類似的規則可循。」

經驗教你如何打住、重新評估，然後再出發。你必須知道如何分辨哪條路行不通、哪條路還有機會，才能充滿自信和效率的繼續前進，而不是遇到了無可避免的絕境和挫折便大驚小怪。

「我認為每個人都要具體而積極的追求屬於自己的幸福，」海瑟威說：「因為我剛好被剝奪了一般人認為理所當然的幸福條件，但是我用了所有智慧來反轉我的命運，從一無所有中，找到生命的圓滿。」

珍惜改變的代價

開始一個新階段是很不容易的，儘管你已經做了準備，儘管它是你的夢想。然而，如何看待變動帶來的不愉快，你的態度將決定你能否成功跨越障礙。

不妨參考我在巴黎的經驗。我從沒在法國住過，剛去時又完全不懂法文，我必須從最瑣碎的日常事物中溝通學習，因此在法國的探險等於是每天小挫折的累積。在超市，我不知道得先將蔬菜秤重、在塑膠袋貼上價標之後，才能拿去櫃檯結帳。當我一無所知的直接前往櫃檯，後面排隊的人不是跺腳就是清喉嚨，然後我得聽著店員以快速的法語大聲說明，提著一袋袋沒有秤重、沒有貼價標的蔬果，再回去蔬菜區重新來過。

蔬菜事件之後，我在街上找到了不用自己秤重和貼價標的蔬果店（當然，零售的蔬果店有他們自己的規則。你不能自己直接挑選產品，有人會幫你選，而你必須信任他的功力，也相信他會挑最好的給你）。但是，我強迫自己再次回到那家超市，重新進行這種充滿異國風情的步驟——把蔬菜放在磅秤上，對照蔬菜的圖片和名稱（如果你看得懂），按下按鈕，費力旋轉和撕下從磅秤旁邊跑出來的價格標籤，然後將它貼到塑膠袋上。直到此時，我才開始感到一絲成就感——我在巴黎的生活終於又往前邁進了一小步。

為了追求夢想，我慢慢吸收變動帶來的震撼和不適應。這些負擔是很累人、很不愉快的。我是否覺得自己無法勝任？是的。但一切是否值得？是的。付出一些必要的代價之後，我感受到熟練和勝利的成就感。

那些不懂珍惜改變的代價，或只是一心希望改變過程能簡單的人，很快就會發現自己正在做徒勞無功的事。如果你維持現狀，當然能避開改變引起的混亂，但你永遠**不會**變得更好。

決定要不要改變之前，你必須先考慮付出代價後的報酬。很多人沒想這麼遠，也有人只是隨便想想，就決定一切不值得。然而，總是堅持慣性、從不重新檢視的人，他們會付出無形的代價，因為他們當初的選擇可能沒有經過深思熟慮，但自己還是一味的堅持。安於自己所熟悉的環境的同時，他們錯失了很多機會和經驗。

經過了四十年，摩西終於接近應許之地。他派了幾個人先去勘查地形，評估各種問題。有些人回來之後，大大讚揚新土地的豐饒和生產力。熱情的他們只想先前往，有問題再想辦法。另一些人比較保守，他們考慮到當地居民的高大強壯和其他無法克服的環境問題，決定先觀望再評估可能性。兩邊的觀點都有道理，但也都犯了某種錯誤。

我是一個哪裡都想去、什麼都想嘗試、不想錯過任何事的人，雖然如此，我還是接受一個令人失望的事實：魚與熊掌無法兼得。待在沙漠，就不可能體驗到河岸的事物。你不能既想享受應許之地的所有好處，又想逃避任何風險。未曾經歷過程中的不適、甚至是非常嚴重的痛苦，絕對無法改變。

就像我購買蔬菜的例子，你必須跨越不愉快的經歷，繼續朝著夢想邁進。幾個月後，連續幾天埋首寫作的一個夏日午後，我走到街上，突然發現有些地方改變了。有些事發生了。整條街看起來不再像異國，我甚至可以和影印店的老兄用法文寒暄幾句。我在巴黎，而且有家的感覺。

在你努力的同時，改變就在不知不覺中產生了。

你正在哪個改變的階段？

心理學家研究出人類改變過程的五個階段性模式。這些模式是現實狀況的概述，實際上人們和環境的互動，可能交織出更複雜的組合。從我的觀察經驗中，人們通常在這些階段中搖擺不定，在某特定時刻，可能出現不止一種行為模式。藉由這個模式，你可以對改變的過程有更多的了解，以此為引導，評估自己正處於哪個階段。

1.思考前期（Precontemplation）

這是你開始感到不安的階段——你開始感到不舒服，這也是改變的契機。在這個時期，你不一定真的想要改變，也沒有任何具體計畫成形。

你覺得有些事情不對勁，但不一定知道錯在哪裡。針對自己的困擾，你尚未理出頭緒，也沒有找出解決方法，更別說是實際行動。反之，你只是覺得自己正經歷了低潮，或是必經的不安和挫折時期。你覺得怪怪的，感覺有東西在扯你的後腿，但你的認知也僅止於此。

在這個階段中，「改變」還是個模糊、遙遠、不太可能的抽象概念。從你抱怨某事很麻煩、希望情況可以快點改變的方式，可以看出端倪。

四十一歲的黛妮開始發現，雖然她的人生很成功，卻常常感到無聊和空虛。沒有具體原因，也說不上來為什麼，這種感覺就是日趨強烈。她認為自己正在經歷的這個階段，也許是中年危機，也許是暫時的無力感。直到最後，她無法再忽視這種感覺，她開始寫日記。這是她多年以前的習慣，後來荒廢了好一陣子。幾個星期以後，她發現這些紀錄透露出一些訊息。

從察覺到採取行動，黛妮的延滯正是本時期的典型反應。如果你忽略這種不對勁的感覺，或只試著分散注意力，那麼，這個時期可能無限延長，你永遠也無法進入下一個階段。

2.思考期（Contemplation）

到了這個時期，你已經了解到自己出了問題，而且開始思考問題所在、自己有沒有辦法解決等等。此時你還是不想改變，但開始在拒絕改變與有所行動間斟酌。你常常為了要不要採取行動而掙扎不已，懷疑自己是否有改變的能力，因而心情憂鬱不定。你還沒做出改變的承諾。

你和自己對話的方式，透露出改變是必要的，但是你還沒有付諸行動的勇氣。在這個階段，人們常說：「我不能再這樣繼續下去了，我得做點什麼，我真痛恨自己總是……」以及「我應該要……」你可以從這些敘述當中，發現本時期最重要的兩個特質是不確定和猶豫不決。這些慣性的陳述還包括了：「可能要去做很多事，但我不確定自己是否準備好了。」「不知道這樣做會不會成功；搞不好根本不需要改變，我也可以度過難關。」「我不確定自己會不會半途而廢，為什麼要大費周章，然後最後又得放棄呢？」還有，「不然，改天再說好了。」

3.準備期（Preparation）

當改變成為勢在必行的事實，你開始採取一些必要的步驟，這時，你就堂堂邁進準備時期了。即使你的行動是暫時的，或是你仍然習慣有所保留，無論如何，這是一個積極活躍的階段。你開始蒐集資料、打電話詢問課程、註冊補習，想要重回學習時光。你重新檢視自己的行程，騰出時間，開始以改變為前提來思考和行動。

準備的重要特質，是讓自己的內在慢慢適應改變後的生活。你需要想像一下，改變之後，自己的人生會變成什麼樣子，在心裡預演未來的生活，這會讓你更堅定信念、接受更高的要求和期望。也就是說，你終於能夠坦然面對自己的恐懼。

現在的你會說：「我要這麼做。」然後確定時程，例如，「我即將從元旦開始改變。」在這個階段，人們已經確定做出改變的承諾，但對他人提到改變的目標時，則會有所保留。雖然在內心已經做好萬全準備，外人可能尚未能察覺他們的改變。

4.行動期（Action）

在這個階段，所有人都可以明顯感覺到你的改變。

朗道爾在三十五歲的時候，毅然決然去唸醫學院。他不但搬家，還換了工作，如此才能趕上課程進度，準備入學考試。剎那間他突然活躍了起來。他太太說他現在是全神貫注，他自己也感受到一種前所未有的鼓舞和動力。

在本階段，改變已經完全融入你的生活。多年的掙扎和醞釀，剎那間豁然開朗。在改變的過程當中，你會和支持你的人建立深厚且相互依存的情感。

5.維持期（Maintenance）

歷經上一階段改變的混亂後，接著到來的也是一個非常活躍的時期。維持，雖然聽起來有點單調，卻是改變過程中最重要的部分。因為此時你將盡所有努力，來鞏固這個新的改變。這是個一切趨於穩定的階段，改變已經深入影響你的生活。你花越多的時間來維護和堅定你的新習性，一切就能越快定型。沒多久你就可以到達一個怡然舒適的狀態，用全新的習性運作你的人生。

在每一個階段，你都要試著說服自己、也說服更多人支持你的計畫，並且相信自己選擇了正確的道路，試著從心底開始改變。沒有準備好要改變的人，可能無法接受「改變是可能的」這個概念。強迫自己實行計畫，卻無法從心底接受這個觀念，那麼你會遭遇到不必要的挫折感。改變別人時也要特別小心，可能你自己看見了希望，別人卻不一定需要你的訊息，很少有人會熱烈回應所有你自己拍胸脯保證的任務。

即使一開始興致勃勃，你為改變所做的努力可能很快的會被日常生活的慣性所超越。如果你寄望「興致」可以幫你達成目標，你會忽略掉許多必要的行動，而且就如同現代人卻使用石器時代的工具，未免顯得不切實際。

你無法為了其他人或是一個不相干的原因而改變自己，因為你不是從心底徹悟、嚮往改變。改變關乎你的心。只想憑藉外力、甚至神力的幫助，都是沒有用的。前方有無數錯誤的指引和絕境，你必須持續努力，和時間拔河，不能浪費太多時間。因此，如果你集中心力在正確的事情上，整個過程會容易許多。

你的人生，就是你運用時間的成果。你必須適切調整自己運用時間的方式，一開始從小地方著手，觀察自己花時間做事情的模式，然後找出修正的可能。

關於改變，最後還有一件事你不能不知道：當人們開始認真想要改變之後，他們會感受到恐懼的衝擊。矛盾的是，當你終於完成某件事，也會出現這樣的恐懼感，因為你會懷疑自己為什麼不能早點完成。**為什麼非要這天改變不可？我該如何相信，從今天以後，我的人生將永遠不同？**在付出行動的同時，你會質問自己，**為什麼我不早點開始？**

這些想法，都是你心中舊有的自我限制慣性在作祟，戰勝它們吧。

第 5 章

改變，就是這麼簡單

從這裡之後，就不能回頭了。你必須到達目的地。
——卡夫卡《中國長城建造時》
Franz Kafka, *The Great Wall of China*

麥克斯做的第一件事，就是買一個鬧鐘。三十九年來，他從沒買過這種東西，因為他不喜歡讓機械儀器干預自己的生理作息。他覺得人們機械式的生活方式很糟糕。他痛恨一成不變的生活，並對自己時時求變的處事方式感到非常自豪。

然而，他的收支無法平衡，房子一團亂，塞滿了成疊雜誌和信件。第一次和我會面，他就遲到了，還忙著跟我道歉，說他來不及先洗個澡。

麥克斯二十二歲時結婚，十年後和妻子離異，因為婚姻關係漸漸流於表面，乏味的兩人生活讓他窒息。多年來他從事過很多工作，大部分還算成功，但他的興趣從未持續太久。

雖沒經過正式的訓練，他做過無漿石牆和水泥工程，也設計過家具，雖然有時可以賺到不少錢，但因為他不想「招攬客人」，不想拋頭露面「求」別人給他生意，所以錯失了不少機會。除此之外，因為不是科班出身，他降低收費，把工作當作一種學習。結果，他從來都沒賺到錢。他對寫作很有興趣，但覺得自己的才華永遠比不上幫電視台寫腳本的父親。

麥克斯來接受輔導，是因為他想要改變了。對自己的人生感到厭倦，他跨出了第一步，主動與我聯繫。當你些微察覺到有什麼不對勁的時候，你已經進入了改變的最初階段。

此時，通常你已經努力好一陣子，也開始了解到，你埋沒了自己的潛力。如此一來，你不只經歷了思考前期，更邁進了改變的第二階段——思考期。這並不容易，因為這兩個階段是改變中歷時最長的過程。現在，你即將進入第三階段——準備期，根據自己的目標，訂立明確計畫。為了成功改變，你必須堅守完成這個階段，採取必要的行動，並持之以恆、穩固你的成果。

第一個必要步驟，就是越過內心那條防線，明確的承諾自己將要開始新的生活。在本章我們將深入探討，從自我設限模式轉換到認真投入、健康成就的人生，需要具備哪些先決條件。首先，我們集中在「往前跨出這一步」這個重要的決策過程，我提供了一些方法幫助你們順利完成。接下來，我將詳列一連串的規則，讓大家循序漸進，順利邁入下個階段，並確保你們可以順利完成下面章節中提到的任務。這些建議包括了：尋求適當的支持、和別人討論你的計畫、學習操作基本原則、培養熟練的技巧、建立優先順序、創造工作的空間，以及在日常規律的任務中尋找感官和心靈的樂趣，以做為支持的力量。依照這些指示，你成功的機率一定會大為增加。

本章將為你未來的努力打好基礎，讓你不再霧裡看花、過於隨性、承擔不必要的冒險，你也不能再選擇逃避。但是別擔心，這樣的準備和計畫並不會剝奪你探險的樂趣，也不會把你變成機械式的齒輪。一旦上路，就等於賭上了你的全部，如果你想擺脫那個軟弱度日的自己，那麼，振作起來吧。如果你一直抑制自己的野心，你的生活只會越來越沒趣。雖然你有自己的目的地，但過程中你會經過未知的領域，絕對會有意想不到的事情發生。

有時候開始就是這麼簡單，但因為太過理所當然，反而一直被忽略。

二十九歲的崔佛在女朋友的鼓勵下，加入了「極限潛能計畫」，因為女友已經受夠了他成天抱怨工作有多無聊。他是典型的「漂流者」，生活中許多決定都是因為別人的慫恿而促成的。「自己做決定」對他來說，是一件很新鮮的事。他面臨的第一個抉擇就是自己是否真的想參加這個計畫。當他了解自己可以選擇自己的生活方式之後，下一步就是決定他要怎麼活，以此為前提，做足準備，一步一步實現他的決定。

開始按照自己的意念過活，對崔佛來說是重大的決定，改變越是重大，或目標越是複雜，你越需要周全、目標導向的準備，以及明確的決心。

改變人生的第一步，就是在心底承諾要徹頭徹尾的改變，並發誓達成目標前絕不放棄。一旦下定決心，你會變得野心勃勃，就像飢餓的動物一樣。所有的事情剎那間都變得清楚了，人生也變得比較簡單，因為決定目標之後，一切都有了脈絡可循。你的優先目標，只有一個。

也許你已經跨過了這條線。你想用不同的方式做事；當你知道一切勢在必行，你不會再支吾推諉、不再找藉口、不需徵求別人的同意才行動。你可能還不清楚執行的細節，其實你不需要知道太多，至少你知道自己即將改變。所以，你開始了這個過程。

人是**可以**改變的。如果你還沒跨過這條線，現在決定也不遲。改變永遠不嫌晚，追求內心的想望或學習新的事物，隨時都可以開始。如果你只能再活一天，你的最後一天將充滿意義。不論你之前做了什麼，如果這件事值得一試，哪怕是生命的最後一天才開始，也絕對值得。

沒時間改變嗎？你必須偷時間。不管是多麼細微的開始，一定要有所行動。不要陷入那種「如果我不能好好思考一小時，我就完全無法思考」的陷阱。如果這件事值得你去做，花任何你能付出的時間去做都值得。如果每個晚上沒辦法花兩個小時看書，那麼就看十五分鐘。每天花十五分鐘，閱讀托爾斯泰的《戰爭與和平》，將會帶給你三個月的閱讀樂趣，以及完成時那股油然而生的成就感。

地上的一條線

在「極限潛能計畫」中我們發現，將「跨越這條線」的概念具體化，對參與者有很大的幫助。我們將家具往後移，想像在地上有一條線，線的一方代表參與者過去的生活，另一方則代表他們全新的生活。所以，跨越這條線，代表我們要開始創造自己所嚮往的人生。

首先，我們請所有人站到代表過去生活的那一邊。接著，請那些已經在心中跨越那條線、或準備好這麼做的參與者，具體完成跨越這條線的動作；還沒做好準備的人，則依照自己準備的程度，站在離線不同遠近的地方。

這不是強制高壓的練習，比較像是一種評估，從外在肢體的動作，評估自己內在跨越那條線的程度。它讓每個人可以藉由具體的肢體動作，了解當時他們心中的意念。沒做好準備的人，絕對不強迫他們跨越。雖然小組的既定目標是「改變」，但大家都知道，必須依隨自己的心意，跨越那條線才有意義。對你來說，當然也是如此。

然而，不論何時，你終究必須跨越那條線，才有可能開始一連串的改變。你離那條線有多遠呢？也許你想省略這個步驟，或是寧願在心中想像即可，我強烈建議你，請依照指示，實際完成這個動作。不要欺騙自己。想像也許很有效果，但實際抽出時間在特定空間內做這項練習，效果會更為明顯。

站在房間中央，想像地上有一條線，一邊代表你過去的生活，另一邊則象徵你即將創造的人生。如果你心中已經跨過了這條線，或你已經準備好這麼做，那麼，往前跨一步，完成這個動作。將自己的感覺記錄下來。如果你還不能跨越這條線，那麼以遠近距離來代表目前的狀況，站出一個位置，然後也寫下這時候的感覺。

在你的筆記本上寫下練習的日期，記錄你和這條線的距離。如果你剛跨過線的另一端，在筆記本上用力畫上一條垂直的黑線，然後寫下你跨越前後的心情。如果你還沒跨越，試著回答這些問題：你距離線有多遠？你還要多久才能跨越？

現在，先不考慮是否時機已到，想像自己此刻正要跨過那條線，然後記下自己的反應與感覺。接著回答下列問題：

- 跨越的過程中，你有看到什麼障礙嗎？
- 如果有，你準備好移開障礙了嗎？
- 如果還沒準備好，你大概還需要多久的時間？
- 跨越之前，還有什麼事是你必須去做，或找出答案的？
- 拖延下去對你有好處嗎？如果有，是什麼好處？
- 還有什麼其他原因延遲了你跨越的時機？

- 還有什麼更重要的事必須先完成嗎？
- 你覺得現在開始太晚了嗎？如果是，能否試著先把這種想法放到一旁？你準備好將這種想法放到一旁了嗎？
- 你覺得自己不可能改變嗎？你害怕自己無法完成任務、無法放膽去追求自己的夢想嗎？如果是，能否試著先把這些想法放到一旁？你準備好將這些想法放到一旁了嗎？
- 你是否認為，雖然自己**可以**完成夢想，但如果自己努力了、也成功了，到時候你又會後悔為什麼拖延了這麼久才行動，浪費了那麼多時間，所以你寧願先不要去嘗試？如果這種自我挫敗的心態是真的，你可以試著先把這種想法放到一旁嗎？你準備好將這種想法放到一旁了嗎？
- 你是否認為，雖然自己**可以**完成夢想，但卻害怕達成之後會因不如預期而深感失望，寧願當初沒有這麼努力？如果是，能否試著先把這種恐懼放到一旁？你準備好將這種恐懼放到一旁了嗎？

經過多年的研究，我發現將改變的時機往後拖延，不會有什麼具體的好處；如果有，也是你自己預設的好處。唯有跨過這條線，你才能追尋自己的目標。不管最後達成了多少，你的生活都會變得更有質感和深度、更加有趣，你也會樂在其中。

如果你覺得現在才開始為時已晚，建議你再考慮一下。改變永遠都不嫌晚。試想，終其一生庸庸碌碌，只為了等待開始的時機，這有意義嗎？拖延不只是拖延，還象徵了你無法行動的失敗。

另外，你必須當心自己個性上的陷阱，有些慣性可能會阻止你改變。如果你是個「拖延者」，當心自我挫敗的慣性拖延傾向會阻止你做出改變的承諾。如果你是個「反抗者」，你可能會拒絕承認某些正面的步驟，因為這讓你感到壓迫。如果你是個「自我懷疑／自我打擊者」，你可能會反覆質疑自己的能耐和價值，暗中打擊你的決心。如果你是個「沉睡者」，你必須知道跨越這條線，以及之後所有的努力，都在你的能力範圍內，只要依循指導就可以完成。如果你是「功虧一簣者」，這個跨越的動作就是你解放的開始。如果你是「進退兩難者」，藉由這個機會，你終於可以打破生活的僵局，你會體會到，無謂的堅持可能導致你最後一事無成。

如果你是「絕不冒險者」，跨越這條線等於站上戰場，強迫你拋棄那種直接站在小丑面前、渴望安全的惰性。如果你是「漂流者」，你必須放棄「凡事只做最少努力」的原則。如果你是「超級冒險者」，行動之前請仔細考量你的決定，並且制定有效率的步驟。如果你是「懷才不遇者」，跨越這條線代表你終於可以發揮自己的天才，並持之以恆、慢慢進步。如果你是「寧缺勿濫者」，你必須無視於外界的眼光，追尋你想要的完美，在不犧牲自己夢想的前提下，把事情做好。如果你是個「表面功夫者」，現在沒有觀眾、沒有應酬恭維，你只有一個人，採取行動吧。

麥克斯，一個從來沒有買過鬧鐘的人，他跨出了這一步，打了電話預約輔導的時間。他決定行動了，但他隨時可能改變心意。因此，當他把鬧鐘買回家時，他踏出了另外一步，具體而意義重大的一步。

這個動作將深深影響他生活的每部分。他開始決定要幾點起床，並計畫他隔天的行程。藉由事前的計畫，就算中途出現令他分心的事物，他也能處理得當。他完成更多事，也感到更有成就感。藉由這個時鐘，他從**我想要改變**、**我必須改變**、**我即將改變**的階段，邁向了**我開始改變了**，**來吧**的新里程。雖然離成功還有一大段距離，但他已經上路了。不管過程中還有多少步驟，他已經完成了最艱難的部分。

如果你因為尚未擁有適切的心境，還不能跨越那條線，問問自己，這種還沒準備好的感覺只是個別狀況，還是老讓你後悔不已的慣性逃避？有些人永遠都不能「準備好」，跨出關鍵的一步。如果你就是這種人，調適好心情再出發，這當然是最理想的情況，但必要時，你必須強迫自己——即刻開始。你必須實際踏出這一步，才代表你正式朝著改變之路邁進。你一定要開始。不能假裝自己已經跨過那條線，你騙不了任何人。一旦下定決心改變，跨過這條線以後，千萬不要再回頭重新考量你的決定。

跨越之後，花一天的時間，檢視自己的新開始。安排一天，讓自己看看日出和日落。就算你早已跨過那條線，現在也安排一天來反省，這對你很有幫助。在這一天，做你想做的事，但是記住，一定要一個人。你可以在海邊散步、讀詩或寫寫札記，和自己做深入的溝通。藉由這樣的反省，檢視自己的全新生活。

這一天，會是你人生當中一個重要的分水嶺，讓你有機會衡量自身的改變。建議你保留一樣能夠代表這一天的東西，最好是可以具體放在眼前的東西——例如貝殼、小石頭，或是森林裡的一片葉子。將它放在辦公桌上，或是其他你視線所及的地方，每當你看見它，就可以從中獲得力量。

四腳朝天又怎樣

「習慣」對我們的日常生活有很大的影響，但是，當你明確做了一個抉擇，一種勢在必行的力量也會隨之而來。所以，要改變就要痛下決心，如果信念不夠堅定，你的習慣就會出現，從中阻撓。如果你喜歡隨性的生活，**痛下決心**這個字眼聽起來可能有點極端，但其實一點也不。因為在你的生命中一定做過許多明確的決定，並且勇往直前的去追求。

當你還是個學站的嬰兒時，有多少次你企圖站定，卻一個不穩，來個四腳朝天？你努力站起身來，花幾秒站穩腳步，卻再次屁股摔地。你固執的保持鎮定，一次又一次，下定決心再站起來。所以，事實上，雖然你是「隨性」的，但也可以是熱情洋溢、目標明確的隨性。仔細觀察自己，你會發現在很多地方，其實你是非常頑固堅強的。

在微積分考試連續拿到兩個B，三十四歲的邦妮回想當時放棄數學的過程，她的理由，乍聽之下很有說服力，其實相當薄弱。這個衝動的決定造成永遠的遺憾。以前她從來不必準備數學考試，也從來沒拿過低於A的成績，對她來說，數學是一種關乎天賦的東西，根本不需要準備，也無從準備起。於是她上課開始不專心，也不做家庭作業，很快的，她的成績一落千丈，再也無法回頭。在她加入「極限潛能計畫」以前，她從來沒有反省過這一點。

就連埋沒天賦這種事也需要耐力。不論你是多麼隨性的做了這個決定，要貫徹「我無法改變」這個錯誤的想法，可也需要一定的頑固和堅持。如果你把這種毅力轉移成以改變為目的，就能從最根本的地方扭轉未來。你需要做的，就是把這種韌性轉移到對你有用的事物上。

接著，你需要訂立一個有力的計畫。聽起來很難，但其實你已經掌握了一些訣竅。如果你曾經事先想過如何和父母溝通，或試圖讓你喜歡的人注意到你，其實你已經成功計畫過一些事情了。建立一個完善的計畫僅需要這種策略化思考，然後用心去完成。

不要再呆坐著苦惱了。想想你的過去，你總是差點訂下改變人生的計畫，但在最後關頭又放棄了。回過身來面對現在，從你現在的位置出發。否則你將永遠活在過去的陰影裡，裹足不前。

咦，你怎麼搞的？

當你開始改變之後，人們會發現你的不同。一起生活、工作或打發時間的人群之間，通常會培養出對彼此的既定印象和期望，並且相互增強。無形中，你被別人定型，你對別人也有各種刻板印象。大家都熟悉你的日常生活行為模式，也覺得你應該會一直這樣做。如果不讓他們事先知道你即將改變，他們的反應將會形成問題。

舉例來說，如果你突然忙碌了起來，身邊的人會覺得被冷落了，企圖把你拉回原來的作息，扮演原來的角色：「你怎麼搞的，都沒時間理我們了嗎？我不相信你每天晚上都這麼忙。」告訴這些人——尤其是和你一起住的人，要有心理準備，你要改變自己的生活了。

還有，在改變的過程中，千萬不要忘記自己原有的責任。你不必過度耽溺其中，卻忽略了你在工作時間之外的正當需求。如果需要協調，和他們開誠布公談一談。

然而，提及自己的改變目標時，要用一點技巧，並選擇要說給哪些人聽。當你告訴某人你打算有所改變，他們的反應可能會讓你難堪。特別留意自己內心那種想要**解釋**的感覺。當你覺得你必須解釋，就表示潛意識中你需要他們「批准」你的計畫和你的決定。最重要的是：不用尋求他們的認可。

另外，請準備好應付一些似是而非的反應。有些人可能覺得，你告訴他們你要改變，只是想聽他們告訴你「你已經很好了，這些計畫根本沒必要」，於是，他們很認真的如此回應，因為他們真的很在乎你。在正常情況下，無條件同意當然是最理想的狀況，但如果你尚未跨越那條線，心中還存著猶豫，將很容易受到他人意見的影響，甚至會讓你打消改變的念頭。就連一些微不足道的意見，也可能導致意想不到的後果。

吃午餐的時候，查德告訴他的好朋友，他想要開始學西班牙文。麥克很贊成查德的想法，但因為查德幾年來一直抱怨自己沒時間，所以麥克只是說了一句，他很驚訝，查德怎麼會有時間做這件事。六個禮拜後，查德果真開始偷懶，放棄了他學西班牙文的計畫。

你必須在心中捍衛你的抉擇，儘管你外在並沒有顯露出來。千萬要記住：是「你」要改變，這是「你」自己的決定，不要將它交到別人的手中。自己決定你要跟誰說、要怎麼說，請小心拿捏。

找個可以商量的人

越重要的計畫，你越需要別人的支持，尤其是像「改變」這種艱難的任務，如果你知道有人在支持你，將會更容易達成。路上有人為伴，並不代表著依賴，而是有種「有後盾」的感覺。真正成熟的獨立包括知道何時可以動用他人的協助，並且能開口尋求支持。

適當的協助幫助你走得更快、更遠。舉例來說，運動員和別人一同訓練時，會進步得比較快。你可以自己決定哪些人可以用哪些方式協助你，但最好找到一個能夠隨時支持你的人，他可以在你面臨挫折或喪失熱情的時候，為你加油打氣。

如果你的任務涉及專業，你絕對需要技術上的支持。太空人有地面指揮小組做後盾、賽車手也有加油站和修理小組隨時支援、政府官員有助手和幕僚提供意見、沒有一個登山者會把獨自攀登喜馬拉雅山當作一種榮耀。偉大的鋼琴家紀辛（Yevgeny Kissin）不論到哪裡巡迴表演，都會帶著他的鋼琴老師。

所以，正視支持的力量，思考一下：在改變的過程中，誰能夠提供你最需要的幫助。請他在你學習停滯的時候輕輕推你一把，在你分心或沮喪的時候提醒你、安慰你，或是狠狠的把你搖醒。

既然改變是自己的決定，當然你也可以選擇不要告訴周圍的人，只要定期自我檢視進度就可以。你可以等到適當的時機，再和他們敞開心胸來討論。如果你不想太直接，可以先找一兩個支持你的人，和他們喝杯咖啡，大略聊聊自己的目標和計畫，看看討論的感覺如何，再決定請他們扮演什麼樣的角色。

你最後選擇的人不只要值得信任，更要能夠維持中立的態度，不能和你的計畫成果有所謂的利害關係，唯有如此，他們才能提供客觀的看法。因此，不要選擇配偶、男女朋友或家庭成員，因為他們在你的生命當中扮演太重要的角色了，有可能會造成衝突，或者讓事情更複雜。還有一點非常重要：你和這個支持你的人必須互相尊重。小心那些抱著解救和控制心態的人，因為這是**你的**計畫，不是他們的。找到客觀支持的力量是很重要的。

記住，成功是**你的**責任，不是你的支持者的。如果你要求他們鞭策你、對你嚴苛，當他們照著做的時候，絕對不能心生怨恨和不滿。如果你現在就預見了這種可能性，考慮和治療師談談，找出解決的方法。

好的治療法，不論長期或短期，都是一項有力的投資，但因為在現階段，你的目標是找到一個中立的人監督你的努力，輔導心理問題不是他們的任務或專長，所以建議你，如果遇到這類問題，找個短期的心理醫生合作，對症下藥、找出實用的方法。如果為了一時遭遇的情緒問題而跑去接受長時間的心理治療，反而會耽誤你不少時間。

如果你找的人拒絕你，或許這樣對你們兩個都好。如果他不想扮演這樣的角色，你的計畫也無法順利推行。繼續尋找其他人，別把成功寄望在某個特定的人身上。

另外一個選擇，是找一個夥伴和你一起改變，如此一來，你們就可以互相激勵和輔導。但是這個方法有兩個前提：第一，你們對改變要有同等的決心；第二，不能互相競爭。如果你找到人跟你一起搭擋，要確定他也熟悉本書的內容，試行一個月，再決定要不要繼續下去。

該如何運用這類的協助？從最簡單的地方開始，不要讓情況太複雜。兩人會面，討論你的整體期望，在你允許的範圍內，討論諸多細節。之後，定期檢討（最好以每週為單位），總結該階段的進步和目標達成率，並設立下一階段的目標。期間如果你覺得沮喪，就打個電話給你的夥伴，尋求建議。

三十七歲的東尼向老友菲爾求救，要他扮演「暴君」的角色。他要求菲爾毫不留情的鞭策他，不能讓他鬆懈，唯有如此他才能達成目標。多年來的交情和了解，菲爾可以既嚴肅又幽默的輕鬆扮演起這個角色，而這樣的新鮮經驗也加深了彼此的友情。

學習新知，會讓你活力十足

當你試著改變生活的方式，把自己當成海綿，盡情的吸收知識。得到越多資訊，你就越有自信往前邁進。

人們在學習的時候是最快樂的。各方面的知識不斷延伸，會讓人感到活力十足。如果你害怕自己達不到某個標準，再多用點心，你一定可以的。

現代社會的進步，造成很多人對獨立生存的知識相當貧乏。在二十世紀之前，當人們的生活限制較多時，一個牧羊人可能通曉幾百首歌曲、詩歌、故事和多種語言，還會演奏多樣樂器、曬皮革、製造奶油、醃製肉品、建造柵欄房舍等等。比較起來，我們懂的東西真的很少。

查理深感後悔，他的程度遠遠不及牧羊人的標準。他對電腦的專業知識有待商榷，而他自認在業務方面的成就，只能歸功於他的口若懸河。

他仔細回想，當初一頭栽進電腦界，只是憑著一股想親手修理東西的衝動。他還試過園藝，也可以做出美輪美奐的庭園造景，但卻無法維持，夏天才過一半，花園長的雜草比他種的植物還要多。他試著修護圍籬，但是連板子的大小都量不好，最後庭院看起來就如他的自嘲：「充滿鄉村生活的不規則美感，倒也不失一番風味。」之後，他就放棄這方面的努力了。

當然，就算不會拉大提琴、吹薩克斯風，查理還是活得好好的。就算你不懂歷史和古詩，也可以填飽肚子，衣食無虞。但是，為什麼甘於這些限制呢？雖然沒有這些技能，人生也不至於太絕望，但是失去這些學習新事物的機會，也喪失了成就事物的快樂。因此，想要真正享受人生，你必須學習。而不論插花、合氣道、射箭、雕刻或寫作，你都需要不斷的練習才能學成。

當然，你有很多資源和教學的方式可以選擇。社區中心的學習課程、大學分部的延伸課程，或是透過電子媒體教學，都是很好的管道。找尋相關資訊時，你會發現有些前人已經留下了足跡。

網球名將阿格西（Andre Agassi）為了扭轉事業低潮，與體能訓練師和網球教練三人合作，發展出一套特殊的訓練計畫。他跟著體能訓練師嚴格實行運動和節制飲食的養生法，另外跟著網球教練學習更多策略和技巧。這兩個人幾乎每場比賽都會跟著他，隨時給予精神上的支持。結果，阿格西從原本落後於排名之外，最後榮登冠軍寶座。

尋找符合自己需求的協助者。你不一定需要像阿格西這樣正式的組合。設定你可以學習的對象，等待時機一到，邀請他們，請他們分享自己的經驗和技巧。不必告訴他們你所有的計畫，也不必告知他們，他們就是你的協助者。你可以自己決定要透露多少訊息，為了達成目標，大致的描述就已經足夠。

另一方面，你可能需要一個可以指引你，或讓你近身觀察的人。實際觀察他人的工作狀況，並將自己的觀察記錄下來，可以讓你即時得知他人反應和思考的方式；也可以讓你吸收人們在實行計畫時的態度或步調等細微感覺。所以，在別人同意讓你近身觀察之前，你可能要告知他們更多細節，讓他們知道你想完成的事。

想像一下，假如你是魯賓遜

要懂得利用你身邊所有的機會。當魯賓遜遇到船難，他人生的方向驟然轉變，他對新環境的態度關乎一切。對於失去的，他並沒有呻吟悲嘆，他利用島上的一切求生存，探索各種可能，赤手空拳挑戰極限。如果他怨天尤人，可能會浪費所有時間在哀悼自己失去的東西，最後饑渴而死。

SLHPPs常有的心態，是把一切歸咎於環境不夠好（為什麼我沒有一把更好的吉他，為什麼沒錢去夏威夷），而且無法接受任何不完美（資金不足、公寓太小、時間不夠、資歷不夠深），他們認為只有萬事皆備，才能發揮自己的潛力。要不然，就是覺得自己已經搞砸一切，永無翻身之日。

其實，發揮潛力需要的條件只有一個：運用你**已經**擁有的東西。

著名的蘇菲教派寓言故事中，法蒂瑪被無情的命運捉弄，災害不斷降臨在她身上。唯一不變的是她不動搖的態度：在每個新環境中，努力學習各種技巧，以求生存。她學習裁縫，也學會了揚帆，每次都盡力把手藝磨練到最好的地步。像魯賓遜一樣，最後她也面臨了命運的捉弄，遇到船難，流落到未知的土地上。這塊土地就是中國。在這個新天地中，她結合過去所學會的所有技巧，為中國皇帝創造了美麗的帳篷，成為受朝廷敬重的人物。

精進你已有的技能，善用你所有的資源，從不利的狀況中探索機會。如果你租住一間很小的公寓，就不用擔心什麼房貸壓力，也避免了一些無謂的麻煩。如果你沒錢，那就成為善用資源的專家吧。利用免費入場參觀的機會，去逛美術館。想不花錢到處旅行，那就去當導遊吧。使用公共圖書館，或挖掘自己社區可用的資源。雖然你處在一個浪費資源的社會，但是千萬不要浪費你身邊的機會或自身的才能。放棄機會就是典型的自我設限行為，某種程度上代表你不夠謙虛，不夠心懷感激。

成就大事的人，都能掌握成功的祕訣——把每件事都當成他們的機會。心理治療和身心潛能啟發大師艾瑞克森在晚年以自身的孱弱當作教材，他告訴學生，青光眼併發的症狀讓他產生同心圓彩虹的視覺影像，所以他每晚都看著彩虹入眠，想像自己漫步在彩虹上。他的故事給我們一個啟示：利用你被賦予的東西，達成自己的目標。

艾瑞克森最厲害的，就是依照每個學生不同的特質，開發他們的潛力。他會觀察每個學生說話的樣子，了解他們的過去，用來幫助他們成就重大的改變。當然，他善加利用的可能是別人眼中微不足道的東西。他年輕時便深受小兒痲痺所苦，殘障讓他成為敏銳的觀察者，可以察覺人際關係中最細微的互動。他也善用觀察的結果，做為催眠治療的基礎，與病人進行更深入的溝通。

艾瑞克森建議，人們可以自願免費從事某項工作，從中獲取經驗。接著，他會指導他們成為雇主最出色的幫手。到某個程度之後，他鼓勵他們向老闆辭職，告訴老闆他們需要一份有薪水的工作，這時候老闆通常會馬上付你薪水；就算沒有，他們也已學到了可貴的技能。

這個例子告訴我們，只要你有一技在身、加上善用環境資源，就能抓住身邊的機會，甚至去創造機會。別落入自己或別人的刻板想法，認為一定要具備什麼條件才能成功，或是何時之前要成功等等。把握你現在所**擁有**的，從現在開始，付諸行動。

低成就代表你根本沒有發揮所長。如果你天賦才華，不論之前荒廢了多少機會，你還是希望無窮。如果你十八歲就結婚，在當時為了維持家計放棄了學業，那麼，你三十八歲時的問題是：現在，你想做什麼呢？不論你是否錯失了學位、會員資格、獎學金，或是某段感情，從現在開始出發吧，把握當下，找尋機會，隨時觀察。

在羅伯・布烈松（Robert Bresson）的電影《最後逃生》（*A Man Escaped*）中，一個被納粹囚禁的男人運用所有資源，想盡辦法求生存。這部電影也描述了另一個重要原則：從錯誤中學習，能屈能伸。從一開始，整部電影的主題持續在：一個男人拒絕接受死刑，因此展開一連串的反動。被載往監獄的途中，他一時衝動，在十字路口跳下車企圖逃脫，後來他被打得很慘，單獨監禁。但他已從錯誤的衝動經驗中學到了這樣的教訓：想要成功，他必須小心翼翼、耐心的從長計議。

由於他不熟悉監獄的環境和可能的脫逃路線，所以他開始觀察警衛的作息。當守衛沒有巡哨的時候，他把湯匙磨尖，開始在牢房門的下方鑽洞。後來，他終於把門打開，爬樓梯上到屋頂，勘察監獄附近的地勢。他企圖尋找越獄的夥伴，但是大家都認為這不可能成功，甚至還有一個人不管這個專注細節的計畫，一時衝動直接逃獄，結果被射殺而死。

布烈松塑造的這個角色，充分運用手邊的資源：金屬碎片、床鋪、被單以及麻繩，同時保持敏銳的觀察力。當然，不可否認，最後他還需要一點運氣，還有天外飛來的幫助，才能成功逃脫。

這個人成功完成了他的計畫，因為他決定行動，並且做了所有能做的努力。他拒絕坐以待斃，不想連試都沒試就直接屈服。他在看似絕望的環境中，做了極限的努力，透過敏銳的觀察力和簡單、聰明的策略，終於找到一條生路。必要的時候，他適時調整計畫，但絕不貿然行動。他勇敢卻不蠻幹，冒險但不做無謂的犧牲。他下定決心脫逃，並專注於任務的執行，獨排眾議，勇往直前，因此獲得了成功。他把過程中的挫折和絕望視為動力，因此成就了超乎自己能力的事。

《舊約》中有個故事：四個痲瘋病人被驅逐出城，貧病交加，幾乎快餓死了。其中一人提議，大家努力回到城門附近，搞不好有人大發慈悲，賞他們點東西吃。其他人一開始拒絕這個提議，但最後都被說服了。當他們到達城門後，發現城鎮因為受到反抗軍威脅，如今已無人駐守，所以四個人盡情的尋找食物，飽餐一頓。

將「尋找機會」視為第一要務，不要放棄任何希望，也不要拋棄任何資源。別成為自暴自棄的受害者。別放棄你所擁有的。

當你準備前行的同時，你會清楚意識到自己有哪些地方必須改變。

秩序，將帶給你驚喜

想要掌握自己的未來，第一件要做的事就是建立生活的秩序。

有秩序的人可以成就你意想不到的事。如果你認識某人，總是把房間整理得井然有序，做事也有條有理——根據日期排列檔案，任何文件都標明重點——請留意這些人。凡事注重細節的人可以成為你的助力。找個機會，把他們約出來吧（記得要準時），向他們學習秩序的訣竅。你可以把這個人納入協助者第一個成員。

如果你不擅長有秩序的做事方式，你要從這個人身上找出的第一件事就是：秩序有什麼好處？問他一些問題，觀察這個人如何安排他的日常生活，特別注意他們樂在其中的項目是什麼。你會發現，你之前忽略了許多規律生活的好處。

當然，你**一定**知道秩序的好處，但你可能覺得自己不是那塊料，或是像前述的奧古斯特一樣，認為步驟太過麻煩，實在沒有必要。如果你也是這種心態，請注意了：如果你下定決心把雜亂無章的做事方式，替換成按部就班的模式，將會替自己省下大量的時間，也避免了很多挫折。

你會發現，做事有條理的人，絕對不是出於一種自以為是、譁眾取寵的心態。小心那種衣冠楚楚、說得頭頭是道，私底下卻雜亂無章、無法付諸行動的人，別讓他們誤導你。你請教的人能在日常生活秩序中獲得一種穩定的力量，隨時注意身邊事物的狀態，並從中獲得樂趣。他們會告訴你，秩序不是功利取向的，而是可以助你獲得寧靜、掌握一切的感覺，讓其他事可以更順利的完成。

麥克斯最後也發現，太隨性一點好處也沒有，他總是手忙腳亂的找著某人的電話號碼、一份重要的文件或是某個地址。雜亂無序的工作方式剝奪掉他很多日常生活的時間。當然，它也可能阻礙你想改變的計畫。如果你無法採取具體的步驟朝理想邁進，你和身邊的人就會一直處於變動的狀態。一旦付諸行動，秩序就是你的最大優勢。

清出一條路來，迎接將來的收穫。如果你真的很討厭把時間花在瑣碎的事情上，從現在開始，從生活中的每個地方開始建立一些秩序。不管是家裡、辦公室或車裡，花點時間改變一下它們的狀態。把這當成你**持續進行**的任務，一定會有很大的進步。

另外，注意你「內在的秩序」。就算只是花點時間檢視自己的心願，並持續追蹤，你的內心將會更加堅定，外在的成就也會更顯著。

太規律，就不好玩了？

維持秩序，有助於目標的達成。請不要告訴自己，你的夢想不值得這樣大費周章，你應該培養新的做事方法。很多SLHPPs通常同時擁有多項才藝，但卻互相衝突，那是因為他們不知道如何分配時間。

麥克斯拒絕隨身攜帶筆記本，因為他覺得如果需要動用到筆記本或行事曆，表示自己太過忙碌。他喜歡依隨心意和記憶力做事，因此他常常錯過了演唱會、電影或展覽，因為他連寫張字條的習慣也沒有。

如果做事更規律，是否代表你的生活就喪失了樂趣？這端賴你對樂趣的定義。沒有地圖和指示，你可能在聖誕節前意外穿梭於巴黎的塞車潮中，享受迷路的樂趣，但是，之後呢？不幸的是，隨性的習慣往往是拘泥於過去、將原先計畫折衷的好藉口。在一天開始前，知道自己想做什麼、要怎麼做，這並不會剝奪你的樂趣和自主性；相反的，你可以更加體驗到隨心生活的真諦。

自從佛洛伊德提出，人類自肛門期就養成了固執和執著的心態之後，有紀律的人彷彿得了強迫症一般，成了眾矢之的。但是佛洛伊德提及肛門期的執著，他所要討論的並不是秩序，而是一種強硬的、被佔有欲驅使的強迫感，以及人類一種**強制性**的規律行為。真正的秩序來自你的內心以及深思熟慮的計畫，就連佛洛伊德自己，也是個有秩序的思想家。

如果你覺得自己的生活平庸乏味，檢視一下，是不是因為你做事沒效率，因此造成這樣的偏差。走到你的車庫或你存放家事工具的地方，那些工具的狀態如何？你可以隨時找出螺絲起子或是整套的工具嗎？黑色絕緣膠帶在哪裡呢？如果你連這些工具都找不到，實在很難說自己的生活方式會有多好。你花費在尋找它們的每一秒，都是你原本可以享受生活的時間。

除了老是花時間在找東西，你可能還花了很多時間矯正和補救之前錯估的事情、處理過期的帳單或交通罰單，很多SLHPPs甚至把週末和假期都花在處理那些延宕已久的事務上。將上述的失序混亂，與下列對秩序的描述對照一下：

> 真正愜意、帶來力量和財富的，是有秩序的生活——物質上的秩序、智慧上的秩序，還有精神上的秩序。知道你前往的方向和你內心的想望，這是一種秩序；信守諾言也是秩序；凡事在掌控當中，可以隨心所欲調度你和身邊的資源，還是秩序；鍛鍊自己的習性、努力和夢想，生活規律，分配時間，知道自己的責任，讓別人尊重你的權利，善用資源，發揮才華，把握機會——

這些都是「秩序」兩字的真諦。

這段話是從一八五三年的《艾米爾手札》（*The Private Journal of Henri Frederic Amiel*）中節錄下來的，到如今還是字字箴言。秩序是一種愉悅，也是一種必要。它是一門藝術，也是成就內在和外在的重要關鍵。

失序不是一種絕對的美學經驗

失序的原因有很多，但大部分可能只是因為你沒有完成手邊正在做的事。因為你習慣逃避，習慣拖延。之前我們已經討論過，逃避堪稱是快速增加所有不愉快瑣事的祕方。不到幾天，你累積了成堆的工作，一個月後，這些累積的待辦事項突然崩落，於是你被壓得喘不過氣來。除此之外，失序還有很多其他原因。

雷今年三十四歲，他非常需要、也渴望有秩序的生活，但他不知該如何實現這個夢想。因此，當他嘗試在週末三天的假期中讓自己的生活規律，卻無法完成任務時，便對自己大感失望。接下來的幾個禮拜，他繼續讓這些事擱著，變得極端失序，最後聲稱自己不是保持規律的那塊料。

雷非常了解，甘於淩亂的生活，是一種自我設限的心態。但在某種程度上他卻坦承，自己就是不能妥善完成工作，每次他想要開始改變，最後都落得失敗的下場。

如果你還不知道要從何處著手，告訴你一個好消息：每天只要花十五分鐘組織事情和次序，就可以成功解決淩亂的問題。然而，你必須堅持，每天都要貢獻出這些時間。不要等到事情堆積如山，才告訴自己等到可以一次解決的時候再說。然後，在週末時調好鬧鐘，每個小時花十分鐘來整理事情，剩下的五十分鐘任意安排。不久之後，你就會養成習慣。

你不會被這樣的計畫**綁住**，反而可以讓你盡情致力於其他的興趣。

失序不是一種絕對的美學經驗，更不會帶來愉悅。當你下一次又因為找不到鑰匙而捶胸頓足時，停下來找出解決辦法：培養固定置放鑰匙的規律習慣。如果你真的有心改變，就從建立秩序開始吧。

混亂失序的生活，可能是你本身的能力造成的，譬如你的適應力。你可能太容易轉移注意力，總是能快速投入全新的事物上，根本無法在錯誤中摸索學習。當挫折太快消失，你就喪失了學習的機會。還記得我的朋友奧古斯特嗎？我們花了一個下午迷失在車陣中，但一兩個小時後，他就忘得一乾二淨了。他喜歡把煩惱拋於腦後，所以不會花工夫提醒自己，下次一定要確保車內有份地圖。不要縱容你的適應力、低度的情緒管理能力以及卓越的好心情，你會因此忽略失敗帶來的學習機會。

「秩序」是一種選擇。有很多工具可以幫你達成目標。如果你認為自己的問題是懶惰，請了解，每個人都有惰性，就像每個人都有野心、有活力，或是其他特質一樣。但是，如果你縱容懶惰，就會產生不良的影響。大部分我認識的有成就者都告訴我：他們從一開始就想辦法對付自己的惰性，不讓它阻礙計畫的進展。記住：懶惰不該是你給人的既定印象，它應該是一種當你需要的時候才會出現的東西，例如，當你哪天決定要完全放鬆的時候。

如果你是一個導演，你需要構想劇情，賦予每個角色獨特的個性，安排何時讓他們的特質顯現出來。有時候你創作枯竭、有點懶散；有時你靈感泉湧、精力十足。這兩種狀況都是可以反轉的。你可以隨時隨地改寫劇本，就從這一刻開始。你對自己的定義都是習慣性的思維，所有的限制都是你加諸在自己身上的。

劈柴、提水的藝術

提出「極限潛能計畫」的前幾年，我曾倡導一個由大家自願加入的體能計畫。這是一種讓人們專注於工作的練習，也是一種團體的心理治療。

來參加計畫的人，每個人都會拿到一張清單，上面列有各式各樣可行的任務。你可以選擇獨立完成，或和他人合作，唯一的條件是：你必須依照「不正常」的指示完成任務。參與者必須用「半速」移動、行走或是工作，也就是說，一切慢動作進行。他們必須觀察身體上的互動，還有彼此心中的想法，嚴禁對話，除非遇到安全問題，或你選擇了需要說話的任務。這個設計是要幫助人們走出慣性模式，根據這些指示，可以創造一種對工作的專注性。

這些任務包括了除草，但一次只能拔一根草；把一堆木柴從這裡移到那裡，但一次只能移動一根；用一把小刷子粉刷一面牆，但只能使用中等的力氣，不能多也不能少。任務的完成時限不定，進行當中還會有各種突發狀況激發你對過程的專注，而不是只求任務的完成。

在事後的匿名問卷調查中，我們發現參與者在活動過程中有了很大的轉變。放慢速度工作或是保持沉默，阻斷了基本的溝通。一開始，參與者顯現出挫折、忽略或是遺忘等典型反應。當他們慢慢習慣之後，他們將注意力從「完成任務」的急迫性，轉移到工作過程的每個細節。

多數人都培養了內在的專注力。他們可以靜下心來，觀察自己和周遭的環境，感受到內在的舒適寧靜，不再感到壓迫。根據報告，他們也都改變了處理日常生活事務的方法。多數人認為這些練習加強了治療效果，帶給他們前所未見的重大突破。

不論你怎麼解釋這些令人難忘的活動成果，透過肢體動作來學習的過程，確實創造了全新的互動和同化，不只是出賣勞力而已。如同音樂可以幫助我們記憶過長的資訊一樣（就像小時候琅琅上口的〈字母歌〉），肢體運動也可以加強學習效果。

你也可以將相同的方法運用在家事方面，例如洗碗，放慢速度，先沉默一小段時間，時間可以隨自己的喜好增加，但不需要整個過程都保持沉默，重點是過程中你的注意力有多集中。

在做事的過程當中，觀察自己身體和思想運作的狀況，你的認知一定會有所改變。一邊工作，一邊觀察自己的轉變，這是一種非常美好而奇妙的體驗。

這個方法的重點是要你集中注意力。禪學所說的「劈柴、提水」，就是以一種純粹的專注，面對你正在做的事。不要漫無心思的做著這些瑣事，而是要賦予它們意義，投入你所有的專注。然後，觀察所有細微的感覺。你會發現這些再簡單不過的瑣事，頓時變得「很有感覺」。

另外，注意你周遭環境的光源，聆聽聲音，觸摸並感受周圍事物的質感，用心感受冷熱和乾濕，感覺你身上衣服的觸感；如果在戶外，感受陽光或微風在你臉頰和皮膚上的感覺。感受肢體的動覺，這種專注是對付枯燥的最佳方法，也是一門可以輕鬆習得的藝術。

你會覺得枯燥乏味，是因為你沒有用心去感受。用一種幾近誇張的專注，從事之前你認為乏味的瑣事，你會從中獲得一種解脫。舉例來說，下次當你參加無聊的會議或演講時，用更多的注意力觀察台上那個無趣的講者，努力找出到底是什麼原因，讓他的演說如此無聊乏味。然後做點腦力激盪，想想有什麼方法可以讓演講比現在更有趣，或甚至更無聊一點。

專注讓你有投入的感覺。覺得無聊是因為你無法專心，這通常是挫折的典型反應。下定決心不要讓外在的事物掌控你的內在。所有工作都可以循序漸進，靠著秩序來完成。反正無論如何，你就是得做這些瑣事，為何不從中學點東西？把握每個機會付出專注，仔細觀察，你一定會收穫良多。將每個工作都當成練習的機會，就能快速建立內在的秩序。

如果老是懶散度日，你會錯過許多機會，無法磨練工作技巧，也無法自我修練，永遠無法具備自我實現和成就的條件。想要扭轉局勢，就從專注工作開始吧。專心於每個細節，把它變成一種靈活的沉思過程，賦予你的工作、你的人生一個全新的意義。

真正的效率，就是正確的「投資」時間

用上述方式專注於工作，還會帶來一種美好的感受，那就是：所有的工作都會變得很有意義。如果你為了節省時間，省略了這個方法，很快就會陷入另一種矛盾的情境。因為真正的效率代表的是：適時投資時間在正確的活動上。

讓我們再來看看艾米爾在手札中的描述：

知道如何做好準備，是多麼好的一件事啊！這是一種可貴的本領，代表著知道如何計算衡量，目光銳利，並懂得決策。為此，人們有時必須快刀斬亂麻，有時必須預留退路；從無止盡的瑣事中，體認它們本質上的意義。總之，就是簡化生活、責任、雜務，還有身上的負擔。讓人驚訝的事實是，我們常常受困於生活中的瑣事、障礙和義務中，把自己弄得動彈不得，但其中沒有一樣，是自己真正的義務。

該如何分辨什麼是必要的、什麼是不必要的？該怎麼加快速度，同時又不會太躁進？什麼要捨去，什麼該留下，自己決定。總是被你無法控制的外在力量拖著走，你擁有的永遠只是零碎的時間。

讓我們再多看一點艾米爾的意見：

知道「如何結束」，某種程度上，就像領悟死亡的意義一樣，終於能清楚分辨真正需要的東西，把其他東西留在原地。為了隨時隨地享受自由，秩序必須建立。失序讓我們變成奴隸。今天的混亂將剝奪了明天的自由。

那些被我們一再拖延的事情，馬上就會再次出現眼前，阻擋去路。當我們培養了規律的生活，當天就結清所有的任務，這是對隔天的一種尊重，表示我們已經準備就緒。所有的負擔，都會破壞我們的舒適、自由和思路的清晰；而負擔正是拖延的產物。

今天就可以完成的事，不要拖到明天。只要還有事情沒做完，這件事就不算真的完成。唯有把事情做完，才能真正成就大事。

「知道自己要往哪裡去，了解自己的想望」，也是艾米爾對秩序的另一種定義。確立了目標，就像一艘船有了方向舵，不會跟著風向和波浪到處漂流。每天早上花個幾分鐘，思考一下自己今天要完成哪些事，然後在心裡告訴自己，不論如何，一定要完成。如此一來，你必能領先群倫，有所作為。如果你連自己要去哪裡都不知道，沿路的紛擾一定會讓你分心，就如同愛默生（Emerson）說的「無謂的好奇心」。它讓你回到現實之後，還要浪費很多時間，回想當時自己到底想做什麼。

聖徒保羅曾在信中提到：「一個三心二意的人，做什麼事都不牢靠。」在接觸SLHPPs的過程中，我清楚了解到，他們每個人都無法下定決心參與活動，總是拖到最後一刻。即使他們很有興趣，也不想做出承諾。所謂的自由，反而成為他們最大的監牢。

這種心態源自於你對承諾的遲疑：你不想做出承諾之後又感到失望。你不想被愚弄。但是問題的核心在於：你沒有搞清楚自己想往哪裡去，自己的願望是什麼。想要理出清晰的頭緒，你需要反省、重新排列優先順序，並且做出取捨的決定，堅持一些事情，也放掉一些事情。如果你老是讓事情處在模糊不清的狀態，對事情的感覺反反覆覆，這種三心二意的心態會讓你變成不可靠的人，甚至連自己也無法信任。

下列這通電話留言，是某人考慮加入「極限潛能計畫」的過程。

不好意思，蕭醫師，我是葛斯，很抱歉拖了這麼久才回你電話，因為我一直在猶豫。我看了信裡面的格式，有些內容滿困擾我的。其中一點是需要太多的文字工作，而且一次就得答應參加十四堂課，對我來說，實在是個很大的問題。另外，付了這些錢，也不知道最後會不會成功，效果好不好。我覺得很矛盾，不知道這一切值不值得，所以不知道該如何回應。我本來想說，如果有人也在排隊，那就先把我的位子讓給他吧，但想想又不對，我還想再考慮一下。總而言之，我希望自己可以更確定一點，不要這麼三心二意，但是……總之，如果你想跟我聯絡，我的電話是……

如果你也是這樣舉棋不定，再檢視一次自己的想望，你會找到自己的目標。

床這種東西，就留給睡眠與做愛吧

心理研究證實，飯店經營者、酒吧或餐廳老闆、建築師、室內設計師和風水師所倡導的空間動線規畫，包括了座位規畫、家具的位置和陳列方式、照明的強度和種類，會促進或抑制不同的活動力。你的生活周遭到處充斥著符號和標示，遠遠超出你注意的範圍。如果有一個經過設計可以支援你的工作空間，做起事來會更加得心應手。

所以，記得要創造一個令人愉悅、規畫良好的工作空間。不要欺騙自己，不要說服自己就算在不充足的光源下，或在床上穿著內衣（或者，根本沒穿內衣），也可以有效率的完成工作。儘管普魯斯特（Marcel Proust）也在床上寫作，床這種東西，還是留給睡眠和做愛比較適合，這畢竟是它的基本功能。如果你習慣在床上工作，睡眠品質和工作效率都會受到影響，運氣不好的話，連性愛品質都會降低。所以，為什麼要冒這個險？還是到別的地方工作吧。

最理想的狀況是，空出一個你專屬的房間，最好你有這個房間的鑰匙，這是你的聖地，旁人不能任意進入。但如果你負擔不起這樣的環境，退而求其次，規畫一個你專屬的區域空間。要求和你住在一起的人尊重這個空間，不要任意移動你擺放的東西。

也許根據你的生活條件，這樣的環境可能無法輕易創造；但是，請積極尋求最相近的空間。在心裡設定一個主要目標，以此做為空間設計的主要考量，例如：增強學習、閱讀、寫作、練習樂器、反省或計畫的能力。如此一來，你的努力將會如虎添翼，更有效率。

從你想要進行的活動開始吧。舉例來說，要改變自我設限的壞習慣，你可能需要做大量的記錄工作、規畫時程，並且要反省和計畫。針對這些，你需要一個相當大的平面空間，以及張貼時程表或其他小紙條的空間，以便你隨時更新替換。如果你無法將時間表或小紙條張貼在舉目所及的地方，你可能需要買一個便宜的紙夾，畫家用來裝畫作的那種，在一般的美術材料行都買得到。更克難一點，你可以用牢固一點的材料，自己做一個紙夾，用來保護你的文件。

接下來，考慮一下你還需要什麼其他設備來協助你完成這項活動。用這個方法思考：這個空間內的每件東西都要派得上用場，能夠支援你，不能有任何東西成為阻礙。所以，移開所有會讓你分心的東西——電話、音響，甚至是你情人的照片。整體來說，就是除去所有會造成不必要的挫折、考驗你耐力的東西。

安排良好而充足的光源。不要在損傷視力或造成勞累的環境下工作。使用優質的電腦螢幕，把視力傷害減到最低。選擇一個足夠隱密的空間。為了創造最佳的舒適環境，把疲勞降到最低，請確定你有一把支撐力良好的椅子，搭配高度適中的桌子。

此外，如果你可以把這個地方布置成自己的風格，帶給你美學上的視覺享受，那就更完美了。選擇你最喜歡的顏色，做為設計的基調。一點一滴，把這個空間塑造成最佳的工作環境。

當然，別忘了維持這個空間的秩序。請用一種尊重的心態維護它。把東西放在你想擺的位置上；每次離開前，都花點時間把它們放回原位。花時間整理你的工作環境，不但可以讓它維持在最吸引人的狀態，讓你很樂意回去，還可以讓你的工作更有效率，常保和諧寧靜的心情。

故意做些讓你很煩的事

除去了自身的障礙，另一個重要的部分就是：培養完成任務所需的技巧，這很可能是你成就的根本。所以，現在是你惡補的時候了。套句艾米爾的話，想要有效率，你必須「鍛鍊自己的習性、努力和夢想」。

掌握以下技巧可以讓你有紀律。它們會變成你從事**任何**活動的習慣，也是你追求目標的過程中非常重要的特質。很多技巧都和習慣相關，比如說吹頭髮。你拿出吹風機，調好強弱風速，也許還搭配著梳子，這一連串動作是習慣性的，不需要任何思考。吹頭髮本身很簡單，但掌握技巧能讓你在吹頭髮、擦鞋子或切魚的過程中，更加專注和謹慎。

為了向更高的階段邁進，你必須學著經常使用下列技巧：

- 組織秩序的技巧
- 培養耐心的技巧（容忍挫折的抗壓力）
- 不論工作或乏味的瑣事，都要投注心力的技巧
- 堅持或不屈的技巧
- 言行一致的技巧
- 貫徹和維持的技巧
- 完成的技巧
- 不斷重複的技巧

所有任務都包括了惱人的部分。如果你之前一直逃避培養這些技巧，現在面對這些要求，一定覺得全身不對勁，懶洋洋的不想身體力行。但是，你必須振作起來，增強你在每個領域裡的能力，將目標鎖定在你需要多做努力的部分。為了讓自己維持在最佳狀態，在生理和心理上，你都需要更

多的鍛鍊，逐漸增加要求，之後再做適當的休息。

例如跑步，一開始最好是以慢速跑完短距離就可以。如果你無情的勉強自己，很可能把自己弄傷，或是決定放棄。培養任何新的習慣或技巧，也是一樣的道理。

為了鍛鍊耐力、培養抗壓性，請用適當的方法，從適當的範圍內開始。選擇從某件事開始，不要採取太大的步驟。如果你以前老是遇到挫折就放棄，現在，從自己厭惡的事情著手，鍛鍊自己的耐力。有沒有搞錯？沒錯，請聽我的解釋。這不是有悖常理的練習，既不是叫你在碎玻璃上爬行，也沒要你穿上苦行僧的粗毛襯衣；這絕對不是自虐的舉動。

四十四歲的米勒需要加強情緒的管理，他每次聽到太太無止盡的抱怨就會抓狂。他的首要任務就是連續聽太太抱怨三分鐘以上，不可以回嘴、要保持鎮定。一開始這幾乎是不可能的任務，因為他覺得太太真的很煩。但漸漸的，他可以邊聽老婆的抱怨，邊偷看著手錶上的秒針，在心裡默數三分鐘，安然度過。這是個開始。

你可以選擇一些實際、卻不怎麼愉快的工作，像是整理辦公室的文件，或是比較無意義的動作，例如拿麻線纏繞鞋盒然後再解開。重點不是要增加你的痛苦指數，也不是要你學習零件分類，而是要你體會：當工作不怎麼有趣的時候，你要怎麼完成。這裡我所說的，就是阿沙吉歐力

（Roberto Assagioli）所提到的「意志的訓練」（will training）。

一個禮拜一次，花十分鐘的時間，做一些讓你覺得煩的事。用鬧鐘設定時間，響鈴一起就停止，然後在你的筆記本上寫下你的想法和觀察。做什麼事不重要，越簡單、越普通的事越好。你可以整理你的內衣褲、軟體或餐具等等。你可以把所有襪子從抽屜拿出，依照顏色分類，然後再放回抽屜，或是依照英文字母排列你的ＣＤ。

功夫，這兩個字實際上代表著「持續不斷的練習」。所以，掌握潑墨畫的力道和筆觸，這是一門功夫，代表畫家經過不斷的練習，終於能自在揮灑的成果。彈鋼琴、試穿鞋子、做蛋白奶酥等等，也都是關乎技藝的功夫類別。

重複練習，用這種精神學習新的東西。你會漸漸忘記不舒服的感覺，開始體驗到一種影響深遠的衝擊。千萬不要錯過這種機會。如果你蹺了音樂或舞蹈課程，省略掉練習的部分，你也因此喪失了磨練耐性的機會。帶著愉悅的心情去做，你就能從過程中獲得更多。如果這種挑戰不符合你的生存原則，相信我一次，試試看吧，親身去體驗。

關於重複和堅持，還有一個重點：在很多情況下，故意拖延也是一種享受。凡事追求立即效果或速戰速決，只會剝奪了某些樂趣。有些事情必須經過一段時間才看得出成果。巴黎的鵝卵石街是經過了長久歷史才有今日的風貌，葡萄酒也是越陳越香。如果快樂對你來說是速戰速決，那麼，你就是限制了自己。

詩人里爾克克服萬難，創作了許多優美的詩句。他說：

人們在年輕的時候，能寫出的詩句是多麼有限啊！我們必須等待，培養美感和思維，努力點綴我們的人生，如果可能的話，延長我們的壽命，當生命接近盡頭的時候，才有可能寫出十行好詩。因為作詩可不如人們所想像的，完全憑感覺（對一個剛開始的人來說是足夠的），而是經驗的累積。為了寫出一行詩，你可能需要拜訪許多城市、見過許多人事物，你需要了解動物，試著想像小鳥飛翔的感覺，還有小花在早晨綻放的姿態。你必須回想走過的不知名土地、出其不意的偶遇，以及必然的生離死別；那些到現在還無法解釋的童年回憶，你傷害了父母，他們想讓你開心，而你卻不領情；由許多莫名轉移造成的童年疾病，關在房間裡的日子，在海邊醒來的早晨，對海本身的感覺，對海的聯想，伴隨滿天星辰奔波旅行的夜晚……就算你可以找回這些回憶，還是不夠。你必須回想臨盆婦女的尖叫，她們在嬰兒床旁邊蒼白的睡臉。你必須經歷陪伴著垂死者、坐在死者身邊，房間的窗戶開著，人聲吵雜。就算是這樣，還是不夠。當回憶累積夠多的時候，你必須適時的遺忘，並且有充足的耐心等待它們再回來。然而，這還不是真正的回憶，直到它們變成我們身體裡流的血液，轉換成我們的一個眼神或姿態，無以為名，甚至連我們自己都無法辨識——直到這個時候，才有一點機會，在一個偶然的狀況下，將這些經歷轉化成詩句的開頭，由此創作出美麗的詩篇。

如果你是個「寧缺勿濫者」，請了解，想要達到完美的境界，你必須培養、磨練，而不是死守自己已經會的東西。它需要你的堅持。如果你是「跳房子嬉遊者」，請記住，因為你意志不堅，已經累積了許多未完成的事情。

時間，以及「五分鐘定律」

艾米爾說「生活規律，分配時間」，就是秩序的基本元素。難道這代表著你再也不能自由自在、主導自己的時間嗎？

絕對不是。但我們不能否認，在建立秩序的過程中，你需要採取一些激烈的手段，時間就是其中一項。沒有任何一種秩序比能夠掌控自己的時間來得更重要。從現在起，開始練習嚴格控制你的時間。規畫一份嚴密的行事曆，將你不想錯過的重大活動都列進來，然後規定自己嚴格執行。

然而，這是否代表著，你每年每月每日都得照著這份行事曆走不可呢？不是的。你可以隨時調整你的行程。這份行事曆是為了**你**而存在的一種工具。當你養成習慣，隨時隨地學習新事物，並且有心想要持之以恆，那麼，這份行事曆可以幫助你達成願望。

舉例來說，如果閱讀巴爾札克是你的目標，你每晚規畫了一個半小時閱讀他的作品，但在過程中，你發現了歌手珍·西貝瑞（Jane Siberry）、鋼琴家紀辛，或是其他你喜歡的藝術家，將在你的閱讀時間內舉辦表演。現在，衡量這場表演的必要性。如果你覺得，這些人在CD裡的演出無懈可擊，不需要花上時間、金錢和舟車勞頓，跑去欣賞他們的現場表演，這是一種想法。或者你可能覺得，可以親眼見到這些藝術家表演，機不可失。

當你決定去參加演奏會，你必須挪出其他時間來閱讀。運用你的創意，不擇手段的湊出這九十分鐘，包括犧牲你的午餐時間。刻意把這件事當作你生活中無法妥協的目標，你就能持之以恆。

另一方面，就像耶穌告誡他的門徒，安息日是為了人類而存在的設計，但人類卻不是為了安息日而存在的。人都是有惰性的，就算你不能全盤改變，也千萬不要省略近期熱中的事物。請培養所謂的「五分鐘定律」：如果遇到緊急事件或其他不可抗力的因素，請把行事曆上規畫的每個活動各做五分鐘，五分鐘就好，千萬不要完全略過。然後，隔天再繼續行事曆上的計畫。

我的一個作家朋友，二十五年來每天寫日記，從沒間斷過。就算有一天她必須接受十小時的手術，進醫院前的那個早晨，她還是先在筆記本寫下了日記。隔天早上，她請女兒把筆記本帶到病房，儘管當時因為麻醉和鎮痛藥而昏昏沉沉，她還是要寫，就算一行也可以。

聽到這樣的故事，你可能對這種幾近偏執、無法解釋的意志力有點不以為然，認為這是外太空生物才會擁有的耐力。但是，光是寫個兩天或二十天的日記，又算得上什麼驚人的意志力呢？因為上述理由而中斷，你一定覺得無可厚非，但是，她就是繼續了；隔天、接下來的二十天，每天都寫，這就是她與眾不同的地方。也許要等她寫到第六百天的時候，人們才會認定她有堅強的意志力，才會驚覺這樣的毅力有多麼難得。但是，姑且不論外在的評價，現在的她，和第二天、第二十天的她有什麼不同呢？最大的不同，就是她堅持到底，持之以恆維持習慣，幾乎已經把它變成了一門藝術。

當然，你會有其他的優先考量和責任。轉移你的重心吧。你會發現，和你內心真正的渴望相比，很多事都可以退居第二。你必須善用**自我意識**，如果只是嚴守著這些習慣，過程當中卻沒有明確的意識，那麼你永遠都是半吊子，總是給人很不牢靠的感覺。

舉例來說，如果你覺得筋疲力盡，很想在嚴格的計畫之外找尋一點樂趣，這可能是因為你的時間規畫不夠實際。因此你覺得很匆促，被壓得喘不過氣，很想逃離這一切，對周遭環境也開始不滿。這時候，往後退一步，讓這一切紛亂塵埃落定，然後慢慢理出頭緒，從小地方建立秩序。即使你只是下定決心每天睡前花五分鐘寫日記，也絕對值得身體力行。否則，周遭的人事物總是不經意出現，擾亂你的生活，那麼你不是自己人生電影的導演，充其量只是個選角員。

然而，就算你是自己人生的導演，人生還是充滿意外的插曲。如果你無法適應環境變動，或接受新穎的資訊，那麼你會變得固執剛愎，無法變通，因而喪失許多特別的樂趣。先不說別的，你可能就錯過了西貝瑞的精采演出。

最後再引述艾米爾的話：

「秩序」代表光和和平、內在的解放，以及對自己的完全掌控；秩序是一種力量。內心的真善美來自你對周圍與內在一切秩序的認知、接受與體悟。秩序是人類最大的需求，也是內在真我的極致表現。

第6章

你準備好了嗎？

沒有準備，就準備失敗。
——強尼・伍登 Johnny Wooden

一看到「準備」，可能嚇壞了你這個嚮往無拘無束的人，但你我都心知肚明，準備是行動最重要的步驟。和平團的志工不會毫無頭緒就進入一個國家，他們在事前會做好百分之兩百的準備。同樣的，想要成就大事，準備功夫也絕對不能少。還記得奧古斯特嗎？我那位好心的朋友，想載我去買油漆粉刷公寓。但是，他遺漏了最重要的步驟——沒放一份地圖在車上。「準備」並不是浪費時間，更不會耽誤開始的契機。它本身**就是**開始。

接下來這兩章，我將詳列改變計畫的精髓。這倒不是你做事的永恆方針，而是針對幫助你打破自我設限模式、學習克服障礙的方法。

一個好的計畫將會告訴你怎麼做，以及什麼時候去做。這個精進計畫包含了十五項任務，讓你可以循序漸進，逐步改變自我設限的惡習。每一個任務都和上一個息息相關，但你可以自己改變順位。

你才華洋溢，創意十足。聰明如你一定會覺得，不需要實地操作也可以理解這些任務的基本訣竅，因此，另外一種心態也隨之而來，那就是抗拒。光了解想法而不身體力行，這樣是不夠的。為了節省時間，一心想走捷徑而省略步驟，耽誤的卻往往更多。這點請你謹記在心。

幾乎所有的任務都需要練習（請準備筆記本加以記錄）。我可以向你保證，每一項任務都不麻煩，簡單又有效。透過不斷的重複練習，就可以確保成功。

人生中有很多事是你不能控制的。因此，請控制你可以控制的——這裡指的是你努力的品質。持之以恆，扎實練習，成功就在眼前。

任務1：先找樂趣，快樂是不能省的東西

一切就從讓你快樂的事物開始。這些練習可不是錦上添花的點綴。雖然接下來的改變任重而道遠，需要你全力以赴，但也不必犧牲你的情緒品質。用愉快的心情開始，一切將會更有效率。每天都在生活中加進一件讓你開心的事，就這樣一直持續下去。

如果你忽略樂趣的重要性，接下來的工作效率將會大減。每天至少花一個小時從事下列活動：閱讀、聽音樂、沉思或創作、接觸大自然、運動，或是獨處。如果一小時對你來說太多了，別急，**慢慢來**。有多少時間就用多少，然後慢慢增加。你甚至可以這樣開始：拿出一直以來都想閱讀的

那本書，每天看一頁。

如果你認為這些愉快的休閒活動是種奢侈的放鬆，算不上真正認真生活，那麼，你會發現每天的生活都很枯燥乏味，做每件事都提不起勁。快樂是不能省的東西，千萬不要抱著「哪天有空再來享受」的心態，或因為太麻煩而將休閒往後拖延。從每天的生活中開始找樂趣，你將會受益。

四十七歲的露絲有一整套的古典唱片，她總是夢想著哪天要深入鑽研，重複播放某個章節，邊聽邊看樂評，聽遍同一位作曲家的所有作品等等。雖然有這樣的決心，但她幾乎沒聽過這套收藏裡的任何一張，她之前的說法是：要留到退休後再享受。現在，露絲開始每晚花上半小時欣賞這些音樂。

不要等待。把找樂趣當作無法妥協的任務，特別是當你覺得沒時間的時候。時間遠比你想像的要有彈性多了。

想要拖延時的小提醒：當然，你已經擠不出任何時間、你的行程早已滿檔。但是，當你開始重視這件事，就一定可以挪出時間，不論多少。

三十六歲的凱爾是個身體力行的人，加入這個計畫的六個月前，他毅然決然的搬離東岸。那時候他完全沒時間看書或練太極，不知道為什麼，他總是感到筋疲力盡。加入計畫後，不管再怎麼累，他開始上健身房，開始在晚上看書。兩個月後，他就感到明顯的不同，做事變得更有組織，更能掌控自己的生活和體力，這是前所未有的新體驗。

當你做哪一件事情的時候，會讓你覺得自己好多了？把這件事找出來，安插進你的生活作息當中，以此做為開始的第一步。

為了開始找樂趣，你需要找出時間；要找時間，就要檢視你的行事曆，然後做決定。也就是說，你必須「走私」快樂到你的生活當中。

蘇菲教派寓言故事中，有一個人物納斯魯汀，他每天都牽著一頭身負重物的驢子越過阿富汗邊界。邊界守衛認為他一定攜帶了什麼違禁品，因此，三十年來，每天警衛都叫納斯魯汀把行李卸下，大肆搜索一番；但是他們從未找出什麼違禁品。後來，當納斯魯汀宣布退休之後，喪氣的警衛終於忍不住問了：「這些年來，你到底走私了什麼？」

「驢子。」納斯魯汀回答。

把這個新活動加進你的行事曆吧。你無須犧牲任何東西，就能增加工作效率。

任務2：一件夢想很久，卻沒有付諸行動的事

為了證明你的改變值得你付出這般心力，在心中預想一個未來是很有幫助的。找出一樣最吸引你的誘因做連結——你夢想已久、卻一直沒有付諸實行的一件事。事實上，這可能是你一直覺得很蠢、不准自己去追求的東西。拋開自我設限的行為模式，這已經是一件很值得去做的事了，但傾盡心力和才能去追求一樣東西的感覺卻更美好，你的努力會更有焦距。有了夢想或令你心神嚮往的遠景，你便可以全心投入，將這種視野放在心中，再多的困難你都能一一克服。許自己一個未來，或開始築夢、設想遠景，它將成為你計畫的基礎。

這樣的前景也許可以為你帶來財務上的報酬，但為了賺錢而擬定的計畫，卻不一定符合你內心真正的想望。賺大錢是個具體的目標，但不是夢想。請選擇對你最重要、最能彰顯個人存在意義的事情，做為你的夢想。唯有如此重要的事才值得你付出所有努力，即使失敗了也在所不惜。

沒錯，失敗。擁有夢想，代表在追求的過程中，你可能會失敗。或許就是因為這樣，長久以來你一直不敢奢望偉大的夢想。於是，你把夢想視作不切實際的幻想，誤用佛學上的「超脫」，假裝看開，壓抑自己的想望。然而，捨棄夢想、揶揄自己太過天真，這就是典型畏懼失敗的防禦心態。現在，為了脫離凡庸的狀態，讓自己再度進入願望、動機、目的和夢想的國度吧。

夢想可以有很多型式。它可以是一種生活態度、一段你想發展的關係、你想精進的技巧、你希

望培養的對自我的認知與了解，或是你想追尋的旅遊和探險。對自己有益的夢想必須是可信、獨特，並且具體有形的，如此一來，你才能將它轉化成實際目標，再細分為更多可執行的步驟。另外，就算是夢想，也要有點彈性。世界和平的確值得大家努力，但不要讓夢想太過遠大，否則執行上會有困難，甚至讓你還沒開始就裹足不前。還有，要避免模糊不清的夢想，例如「我想發揮我的潛力」，乍看之下不錯，但要怎麼做呢？

拿出筆記本，然後，越快越好，馬上寫下一連串你內心的渴望、夢想和幻想，不管它們有多麼遙不可及。不要批判，不要修改，寫下你能想到所有可能的每件事。現在就做，再接著讀下去。

接下來是進一步的簡單書寫練習，可以幫你觸及自己的想望。即便你已經可以描述一個夢想，不管是清楚還是模糊，我強烈建議你：連續一個禮拜持續這項練習。如果你已有夢想，這個練習可以加深你的印象，或將它轉化成為全新的、出乎你意料的型態，也許更寬廣、更具體，不再只是試探性的想望。有時，你的夢想會變得更簡化，變成更中肯的目標。

剛開始的時候，就算你腦中一片空白，什麼都寫不出來，別擔心，這不代表你失敗了。它更像是一個徵兆，代表你已經進入過去心中封鎖的領域。

這些練習不需要花費太多時間，你反而會因為投資了這些時間，獲得很多回饋。不要覺得這個練習太過簡單或太過複雜，注意你在過程中的所有批判。然後，把這些意見放在一旁，繼續這項練習。根據我的觀察，SLHPPs是非常愛批判的，他們從小就自認比別人優秀，當然也會帶著批判的態度，企圖把聚光燈移到自己身上。這種心態尤其會發生在「自我懷疑／自我打擊者」以及「寧缺勿濫者」身上。然而，這種批判的心態會阻礙你的努力，因為你害怕如果無法達到完美的境界，你也會因此遭受無情的審判。

回答下列問題，將答案寫下，越快越好，任何想法都可以。每題最少進行六十秒、最多九十秒的時間，必要的話，設定計時器。不要中斷，持續一直寫。如果你的腦筋一片空白，只要記下一些**阻礙**的字眼。如果先前寫的答案再度浮現腦海，那麼就再寫一次。

不論在書寫的過程當中，或是寫完之後，都不要去整理、批判或評估你的答案。不要擔心這些答案對你的意義，不要去想它們是否是你的本意、是否重複、是否實際、是否經得起考驗等等問題，也別管你寫多寫少，一直寫就對了。千萬別把自己的答案給別人看，因為這會影響你的想法。

不要奢望靈性的頓悟或自省。如果過程中有任何意想不到的新發現，那很好；但如果你的筆記本上充斥的淨是些阻礙的字眼，也無所謂。不必擔心時間過長或過短。每天持續這項練習，並接受所有答案。每一個問題都有很多可能的答案。持之以恆的同時，你對挫折的容忍度也會大為增加。

答完一題後，不要想太多，馬上進入下一題，並且換頁，將每個問題都寫在不同的頁面上。

以下就是這些問題：

- 如果保證百分之百成功，在你從未做過或完成過的事情當中，你最想做什麼？
- 如果你的自尊心比現在強過兩倍，在你從未做過或完成過的事情當中，你最想做什麼？
- 小時候，你希望長大以後可以做什麼？你聽過什麼讓你心生嚮往的事？（答案可能出自一部電影、一本書、一篇報導，或是你在夏令營或暑假做過的一件事。你的答案不一定要關乎工作或生涯規畫。）
- 小時候，哪一種人格特質或是活動類別最吸引你，讓你推崇不已？長大之後，如果你知道方法，那麼，你最想培養哪些特質？

- 如果不考慮生計或養家活口的問題，你最想做什麼事？換句話說，如果不以賺錢為目標，你最想做什麼事？

從現在開始，每天都翻到新的一頁，標上日期，然後書寫。不要寫在前一天寫過的那頁。事實上，最理想的狀況是，不要去看前一天寫的東西，一個禮拜後再回顧。你昨天想到的屬於昨天，別讓它影響你今天的思緒。用好奇心觀察你今天的想法。

想要放棄時的小提醒：如果你第一次的答案看起來乏善可陳，千萬不要批判、不要放棄。接受它，並且對自己有信心，這不是浪費時間，你也沒有失敗。告訴自己：如果每天持續這項練習，總有一天，你會看到明顯的成果。

一星期後（最多也只能一個星期），檢視你的答案，歸納出幾個主旨。你可能會有恍然大悟的快感，也可能沒有。但是，如果某件事或某個範疇不斷重複出現，那麼，你已經朝夢想邁進一步了。

如果你覺得自己的答案太貧乏，不必太在意。不管看不看得出明顯的結果，至少，你已經開始行動了。持續這項練習，你的夢想會慢慢成形。

如果一個月後，你還是找不出自己的夢想，那麼，停止這項練習吧。因為這個任務的目的是要發掘你所有的想望，然後付諸實行，不是為了硬要實現，而強迫自己擁有夢想。同時，不要去想你是否領先或遠遠落後，每個人都會在不同時間、以不同的方式到達不同的地方。你也會用自己的方式到達目的地。「才華加速成功」的理論在這裡並不適用。每個人都是與眾不同的。如果一個月後，你發現自己沒有什麼遠大的夢想，別讓這阻礙你。

當二十九歲的珊卓第一次做完這項練習時，她非常生氣，氣自己寫不出什麼有意義的東西。她將筆記本摔在地上，摔了好幾次門，認真考慮要退出小組。

還好，她沒有放棄。三天後她回來了，繼續重複這項練習。最後她發現，自己之所以如此期待、要求立即的完美成果，是因為她過去自我設限的心態在作祟。珊卓必須拋開先前的想法，重新歸零。十天之後，她找到了一個清晰而明確的夢想。

三十七歲的厄爾經過了一整個月的練習，還是找不到明確的未來想望。他是有幾個目標——希望自己的短篇小說可以被刊載在文學雜誌上，還有攀登加州北方的夏士達山，但就僅止於此了。

然而，光是這「幾個目標」其實就夠了，讓夢想漸漸成形，對他也產生了極大的影響。

不要執著於一些術語或既定印象，預想未來的重要性在《舊約》中就被提及了：「沒有異象，民就放肆。」要開始，我們無須妄想時間先停止。以下是厄爾的做法，你也可以這樣做：

在筆記本空白的一頁，寫下你死前想要做的事、想要經歷或學習的東西。這些事情可能屬於你心目中「要是能去南極有多好啊」的那個範疇。將它們全部寫下來。「親眼目睹泰姬瑪哈陵」可能名列第一，「學會衝浪」第二，「學口琴」第三，「學習指壓按摩」第四，「回去唸醫學院」第五，以此類推。不要評估這些事的價值和可行性。某種程度上，這是上一個練習的重複，但是進行到這裡，你的心中應該已經有了更多可能性。好奇一點，把所有的想法都寫下來。

做完這項練習之後，厄爾發現，他想去旅行的地方，大部分集中在南美、太平洋小島和東南亞。他了解自己對非洲面具很有興趣，非常想去學木雕。現在，他正在試探自己的好奇、熱情、興趣和欲望。

標示出你目前夢想的前五名，運用在日後有關於夢想的練習中。很多人透過這樣具體的書寫動作，更加了解了自己的想望。

持續進行預想，也被成功的運用在奧運選手的訓練，或是癌症病人的治療上，加強心理治療的效果。「預視未來」是很簡單的一個動作，當你想像的時候，影像越清晰，越具有說服力和熱誠，效果也就更佳。

請在每天早晨剛起床，以及每晚睡前，進行下列的練習。為什麼選在這些時候呢？因為在你剛睡醒、一天尚未開始之前，你的慣性和想法尚未完全顯現出來，所以潛意識是比較活躍的。而在睡前，你最後思考的事情不會有太多矛盾和掙扎。

早晚各一次，想像自己實現夢想後的樣子，讓自己從一些具體的細節，了解自己未來生活的可能樣貌。大約進行一分鐘左右。慢慢的想，用你的意志之眼盡量看清楚所有的場景和布景，把它當作夢想的精華片段。看看自己在做什麼、穿著什麼樣的衣服、那時的心情如何、那是一天中的什麼時候、你身體的感覺、當時的溫度等等。請樂在其中。

三十三歲的立弗頓是個才華洋溢的作家，他有點懷疑這個練習的效果。他實在無法想像，「預想」他得到普立茲獎的景況對他會有什麼幫助。他一直抱著這種懷疑的心態，練習進行一段時間之後，他開始領悟箇中樂趣。

立弗頓的懷疑值得我們注意，光是預想一個完美的結局是不夠的。據研究指出，想像你正在從事某個和夢想相關的活動，遠比直接想像夢想來得有效。

職業高爾夫球選手傑克・尼克勞斯（Jack Nicklaus）談到他是如何運用想像力的：

每場比賽之前，我先在腦海裡看了一場電影。首先，我看到球停在我要的地方，小巧的白球躺在綠油油的草皮上。接著，我看到白球落地的途徑和軌跡，甚至落地剎那的姿態。下一個場景，我看見了要怎麼揮桿，才能讓上述影像成為事實。這部自製電影是我專注的來源，讓我在每場比賽都能全力以赴。

根據對運動員的調查顯示，當你將心理上的預視或內心的技能演練，與體能上的鍛鍊相結合，你的進步將遠遠大於單獨的肢體訓練。奧運跨欄賽跑金牌選手及紀錄保持人艾德溫・摩西（Edwin Moses），他會預想一場四百公尺的比賽，將跨越每道柵欄的距離精確的累加起來，並想像自己跨越每道柵欄的姿態。他可以清楚看到每道柵欄，直到最後衝過終點線。摩西預想了整場比賽的過程，無疑的，這比直接幻想勝利來得更有效果。

另一方面，預想終點——像是頒獎台或是草地上的高爾夫球——也有某種效果存在。將最終目的地呈現眼前，可以幫助你在心理上做好準備，勇敢朝著目標邁進。研究發現，如果你想像一個假設的情境，你在心中就會認定：它一定會成真。所以，在心中預留夢想的空間吧。連小孩都知道夢想的重要；他們運用想像力，在心中排演各種狀況、扮演各種角色。你心中的排演創造了一個內心的目的地，讓你做好心理準備、朝著你的夢想邁進。它還能激發你找出更有創意的解決方法，平常你根本想不出這些方式。所以，在心中預先排練達成目標，將能帶給你意想不到的收穫。

如果你決定改變夢想的版本，每天或偶爾為之都無所謂。只要確定在每個場景中你都是愉快的，這件事是你樂於經歷的，並且在某種程度上，它代表著你夢想中的生活，那就沒問題。

關於夢想，想得越多，看得越遠，效果就越好。不必規定自己每天想兩次。其實你會發現，在不知不覺中，當你咬著三明治或發動車子的時候，它們會突然閃過你的腦海。

持續進行這項練習一星期後，在晚間加入下列步驟：每晚完成練習之前，問自己這個問題：「我今天做了什麼實現夢想的事？」然後寫下你的答案。如果你什麼都沒做，問問自己：「我覺得什麼事比這重要？」一樣寫下答案。把這項練習加入你每天的例行工作，**不要間斷**。

任務3：下定決心，並且堅定到不近人情

為了成功改變，你必須培養一種神聖的使命感，還有一股冷靜且無法動搖的決心。不管你以前是否曾經半途而廢，只要開始強化決心，你就能立於不敗之地。

就像我說過的，你，和大多數人一樣，都曾經對自己許下某些承諾，並且實現了諾言。就算你自認為是一個缺乏意志力的人，從現在開始，也請你接受「我有決心」這個事實。

奎格是典型的「漂流者」，每個工作最長都撐不過十一個月，他很確定自己從來沒有下定決心去達成什麼重大目標。然而，在我們的鼓勵下，奎格想出了四十六項靠著決心而成就的事情，其中包括了：學會騎腳踏車、記住時刻表、在第三次考駕照時終於通過倒車測試，還有說服父母，讓他自由選擇大學科系。

其實你常常動用決心，只是有時被自我設限的行為蓋過而已。以下練習是為了強化你的決心、鍛鍊更強的意志力而設計的。千萬不要讀過就算，或是只試一次就停止。把它當作你的日常事務。**畢竟，只是加入健身俱樂部並不代表你在健身**。

不管你現在有沒有特別的想望，至少你知道，從現在開始，你不想再限制自己了。就為了這個

理由，請進行下列的練習。

每天早上起床、晚上睡前各一次，想像自己堅持到底而獲得成功的景象。請發展出完整的劇情，包含下列部分：你看得到周圍的環境、聽得見聲音、聞得到氣味、感覺得到東西的觸感、感受得到當時的溫度——甚至還吃到了美味的東西。如果從過去的記憶出發，比較能幫助你想像，也可以。看著你自己堅持到底，因為你已下定決心要堅持，沒有東西可以阻擋你。認定自己是堅決的人，甚至固執到不近人情的地步。最後，告訴自己：用剛才預想的這份決心，完成這十五項任務。

剛開始的時候，二十七歲的琳達無法順利進行這項練習。後來她想像自己攀登優勝美地那塊陡峭的巨岩。她看著自己遭遇重重困難，這條路行不通，就試另外一條路，最後成功到達山頂。琳達這輩子都沒攀岩過，但她曾看過攀爬者面對巨岩的景象，因而將這種印象有效運用在這項練習中。

進行一星期後，請繼續下列這個練習。它是為了改變自我設限的心態而設計的。

還記得奎格能夠寫出四十六項證明他決心的事情嗎？現在，從記憶裡搜尋自己的案例，找出你固執、堅決、頑強，甚至不通情理，只為了完成某件事的時候。

找出一個這樣的案例，最好是近六個月內發生過的事。現在，光是記起還不夠，請你運用想像，再經歷一次。請記住，重新體驗一段記憶，和單純回想起來是不一樣的。當你再度經歷這一切的同時，你會感受到無比震撼的臨場感，彷彿再一次身歷其境。

保留這些生理上的感覺，將它們帶回現實。讓它們在你的體內成長茁壯。然後，找出一件你目前正在從事的工作，用這些感覺，想像自己一步一步完成各項步驟。觀察並且享受接下來發生的事，當你同時運用堅定的決心，並預想自己做事的過程，那是一種非常難得的體驗。在心中發展出一幅清晰的圖像：你完成了這些工作，而且對成果感到滿意。在你進行改變的期間，每天都預想自己用堅決的態度完成目前正在做的事，還有與它相關的練習。

同樣的，每天早上起床後和每晚睡前進行這項練習。整個改變的計畫進行期間都不可以中斷。

你必須把這些練習融入**日常**生活當中，因為「不斷重複」是效果好壞的關鍵因素。最好可以選擇在一個特定地方進行這些練習。睡前先確定好次晨醒來時，書寫工具和筆記本都在你身邊。簡而言之，就是盡力讓自己持之以恆。馬上動手做好這些安排，一拖延就有危險，「打算」這兩個字是不能依賴的。

雖然接受賄賂是不好的行為，但是偶爾犒賞自己卻無傷大雅。給自己一點小小而愉快的回饋吧！對有些人來說，可能是美味的巧克力，或是在新鮮的空氣中散步。依照你的需求，適時慶祝自己的進步，並且持之以恆吧。

任務4：在洪流中學習規畫時間

我們身處在時間的洪流中，為了成功，我們必須具備清楚的時間觀念。本項任務將幫助你把計畫和夢想置入生活當中，量身打造屬於自己的時程規畫。

對於所有的SLHPPs，特別是「自我懷疑／自我打擊者」來說，這項練習可能會在心中激起不小的漣漪，尤其當你看著自己到目前為止的人生，可能會有種高不成、低不就的遺憾。不要耽溺於悲傷。要完成重要任務，你必須設定期限、定期檢查、確定主要目標和次要目標，每件事都要經過精心規畫才行。你可以從一份規畫良好的時間表中，看見時間在你的生命中所扮演的角色；一方面它是藍本，一方面也像是旅途的遊記。從現在開始，珍惜自己的成長吧。

如果你還沒確定自己的夢想，訂立時程表好像言之過早。然而，我們遲早都必須動工，所以現在開始練習絕對不嫌早。發展一個全面性計畫是一種持續性的過程，而不是做完就閃人的短期目標。在你收集資訊的過程當中，適時校正你的時間表，因為它是你日後計畫的具體呈現。

如果你在曼哈頓或巴黎旅行，不認得哪條街道是單行道，或錯過了封鎖交通的訊息，就算你搭上計程車，也可能晚了好幾個小時才到達目的地。接下來要訂立的時間計畫必須將你的現況列入考量，從中發展出你要採取的行動，以達成進步。

在這裡，你的時間表充其量只是份草稿。如果你覺得太早把事情定下來，就等於強迫回應他人的期待，可能會造成自己持續的恐慌，那麼，先用鉛筆來草擬時間表吧，如果你覺得這樣比較沒壓力的話，這樣做也無妨。請記住：時間表是一種指引，不是審判，而且是為你自己量身訂做的。

準備一張超大的紙，在紙的上半部，以九十年為基準，畫上一個時程表。如果你年過六十，則可做個三十年的時程表。接著，標出人生到目前為止所發生的重大事件，尤其要記錄重大的里程碑。不要卡在這個部分，記下大概的日期即可，也不必每件事都寫出來，大約十五到二十個重大事件就足夠了。你可以用文字、圖片或其他有用的東西作輔助，完成這份時間表。

在時間表上，把「今天」標示出來。根據你的夢想和自我評價，把預定完成夢想的日期也標出來。這不是為夢想設定期限，而是用現況衡量自己還有多久才能置身天堂。

接下來，看著這張時間表，用鉛筆在上面粗略的記下，如果要達成夢想，每星期、每個月和每年，你需要完成什麼事情。稍後你會做很多額外的補充，那時候我們會用到紙張的下半部。

如果你有自己的私人空間，把這張時間表貼在你每日視線所及的地方。假如你沒有這樣的空間，也請你將它放在隨手可及的地方。除了你的支持者和協助者之外，不要讓其他人看到這張時間表，因為人多口雜，他們可能會多加評論，拖延了你的進度。

祕密帶有某種力量，它是一種動力的泉源。守住它，它就是你的力量；一旦太多人介入，它的魔力就會消散。這份時間表是為**你的**人生和**你的**夢想而設計的。新生的夢想是脆弱的，很容易被摧殘破滅。如果有人對你的時間表提出意見，你可能會以他們的批評為理由，還沒開始就先放棄了。

當你進行其他練習時，不斷重複檢視這張時間表。

才華洋溢的作家立弗頓表示，這七年來，他都是以一種「等我有時間就開始」的心態寫作，很明顯這個方法不怎麼有效。當他加入計畫、開始擬定時間表之後，現在，他每天早上五點半起床寫作。

任務5：想清楚，你到底是個什麼樣的人

為了改正缺點、去除限制，你必須知道自己目前的處境。下列問題從生活各方面切入，反映出你需要改進的地方。

在筆記本中找出全新的一頁，寫下以下問題的答案。書寫的過程會讓你反省一些事情，這些答案也將成為你日後鎖定的目標，幫助你發展技巧、改善自我挫敗的行為。

請注意：當你處理負面的行為模式時，請事先承諾自己，不要被負面情緒影響，因為它們會讓你動彈不得。自我設限的模式就是這麼根深柢固。但是你的人生絕不只是過去所有模式的總合；不管它們多麼強勢，你一定可以好好與它們周旋。如果你心中還是覺得抗拒，把它們設想成是別人的案例，用分析的態度來進行。

另一方面，不要抗拒承認自己的缺點，否則你便無法對付它們。客觀的詳列，然後進行下一個步驟，不要被這項任務嚇到，要能勇敢的面對自己。這些特質都有可能結合，造成自我設限的行為模式。為了讓你可以集中火力，請針對下列領域，誠實作答：

個人特質

從〇到一〇〇之間選出一個數字，代表你平常對自己的感覺，〇是最糟的狀況，一〇〇則是接近完美。寫下這個數字並圈起。它代表你**平常**是如何看待自己的。

接下來再寫一個數字，代表你**現在**對自己的感覺。把日期標在旁邊。

條列出你喜歡自己哪些地方，有哪些特質讓你特別喜歡自己。

用另一張清單列出你不喜歡自己哪些地方，有哪些特質讓你討厭自己。

把其他你沒有列出的特質寫下來，也把你沒列出的限制條件寫下。

請將下列問題的答案寫下來：

- 生活中有哪些事使你容易安於現狀？你是怎麼妥協的？
- 生活中有哪些事是你已經成就的？你是怎麼做到的？
- 你是否因為不知道如何拒絕，而答應不想參加，或無法參加的約會？
- 你是否會用「突發狀況」做為理由，在最後一刻企圖取消約會？
- 你是否定期反省自己的人生，想想自己正在做什麼、過得好不好？
- 你是否想過，一生中有哪些事是順利的？哪些不是？

- 你是否想過，有哪些事情，你想嘗試用不同的方式來完成？
- 你是否想過要在生活中做些特定的改變，並且認真設想過怎麼進行？
- 行動之前，你是否會再次審視你的決定，並考慮其他可能的選擇？
- 你會不會將目標轉換成可執行的步驟？

需要學習的技巧

根據以上你對自己的定位，請考慮你需要做哪些練習：

- 組織秩序的技巧
- 培養耐心的技巧（容忍挫折的抗壓力）
- 不論是工作或乏味的瑣事，都要投注心力的技巧
- 堅持或不屈的技巧
- 言行一致的技巧
- 貫徹和維持的技巧
- 完成的技巧
- 不斷重複的技巧

其他技巧

- 還有什麼其他必需的技巧是你要加強的？
- 你能妥善掌控你的時間和人生嗎？
- 你是循序漸進的人嗎？什麼時候是，什麼時候不是？
- 你是個細心周到的人嗎？什麼時候是，什麼時候不是？
- 你是否會適當的注意細節？
- 你管理時間的能力有多好？
- 你對時間的概念以及運用時間的方法，是否夠實際？
- 為了完成目標，你是否能夠以實際的方式來規畫時間？
- 你重不重視約會？
- 邀約之前，你是否會先考量自己的情況，還是只希望自己能夠配合他人？
- 自己要做的事，你是否會和自己立下承諾，並且遵守時間約定？

自我挫敗的壞習慣

- 你都是用什麼方法阻礙自己的？

- 你放了哪些障礙物？
- 你曾在什麼時候放棄過？
- 你曾經因為什麼事而沮喪？
- 你曾經被什麼事打擊過？
- 什麼人、什麼事對你有影響力？
- 你曾經在什麼時候逃避合理的冒險？
- 如果你曾做不必要的冒險，何時？為什麼？方式為何？
- 你是否覺得別人應該為你的目標、你的幸福和你的抉擇負責？
- 你在什麼時候、會如何歸咎別人？
- 什麼時候你會妥協於別人的要求，而不是堅持己見？
- 你把失敗歸咎於誰？
- 什麼事是你寧可避免的？
- 什麼事是你不想面對、不想去想、不想正視，或是不想學習的？
- 當事情變得複雜或棘手的時候，你是怎麼逃避的？
- 你曾從什麼情況下逃離？

- 你曾在什麼時候漫無目標的生活著？
- 你不想朝哪些方向走？
- 你都是怎麼拖延的？
- 你是怎麼說服自己，拖延一下也無妨的？
- 什麼事是你老是想要拖延的？什麼事是你會好好處理的？
- 什麼時候你曾經拖延？
- 在什麼情況下你遲疑了，沒有去追尋自己真正的想望？
- 你曾在什麼時候試圖或假裝要做什麼事，卻沒有付諸實行？
- 你常對自己或他人說什麼謊？
- 什麼事你總是草草完成？
- 除了騙自己之外，你還曾經想騙什麼人？騙他們什麼事？
- 你總是假裝自己是誰？

合理化和辯解

- 對於自己不夠投入、進步不足，你怎麼解釋？

- 對於自己無法依照心意而活，你怎麼解釋？
- 對於自己無法付諸行動，你怎麼解釋？
- 你可以為自己的抉擇負責嗎？
- 你曾說過「我不能」，但實際上只是因為「你不想」嗎？
- 你如何為自己的怠惰辯護？
- 你覺得自己的個性阻礙了發展嗎？
- 你相信自己無法改變嗎？
- 你聲稱自己無法成功的理由為何？
- 你把自己的失敗歸咎於什麼事？什麼人？

恐懼

- 你害怕投入嗎？
- 你害怕達不到期望嗎？
- 你害怕失敗嗎？
- 你害怕平凡嗎？

- 追求自己的夢想，讓你最擔心的是什麼？
- 成就某事，讓你最擔心的是什麼？
- 為什麼你害怕改變？
- 為什麼你害怕一成不變？
- 你怎麼處理恐懼？

目標和工作方式

- 你是目標導向的人嗎？
- 你的主要目標是什麼？
- 你設定目標的方法是什麼？
- 你都是怎麼達成目標的？
- 你的努力是「持續型」，還是「一股作氣型」？
- 面對挫折，你會繼續嗎？
- 你會因為什麼事而分心？
- 面對棘手的任務，你有自己一套解決的方式嗎？

- 你對工作的態度積極嗎？
- 你是自動自發的人嗎？沒有他人的督促，你可以持續努力嗎？
- 你是主動或消極的人？什麼時候你會主動？什麼時候不會？
- 關於完成任務所必備的條件，你夠實際嗎？
- 你是否會因為忙碌而省略基本功夫？
- 你是否會省略不愉快的步驟？
- 已經開始的事，你會完成嗎？

人格特質

- 你的適應力如何？是否因為你的適應力太好，導致你在事情變得棘手時就馬上放棄，將注意力轉移到新的事情上？
- 你對挫折的容忍度有多大？
- 你的心情通常如何？
- 你的活力指數高不高？
- 你對新環境的適應速度快不快？

任務6：自己有這些「弱點」嗎？

要進行治療，必須先仔細診斷才行；要找解毒劑，也要先知道中了什麼毒。在這個步驟中，你必須運用上述自我評量的結果為素材，擬定三份必須改變的清單：

- 從上述評量的答案，列出你負面的個性特質。
- 列出你欠缺的基本技巧，以及針對改變所需的其他技巧。
- 列出你所有逃避的心態和慣性自我挫敗的行為。

想要放棄時的小提醒：是的，你可以完成所有任務。是的，它們值得你付出關注。不是的，這不是一件麻煩事。沒錯，你一定可以做得到。你會感到不可思議的愉悅、驕傲，甚至有點暗爽。

列出清單雖然重要，但如果沒有付諸行動，效果依然有限。在下一章中，我們將集中探討行動的部分。

| 第 7 章 |

六千次！你敢不敢！

拜傳統之賜，人們傾向用最簡單的方法解決事情，越簡單越好。但很明顯的，我們要把握的是艱難的部分；適者生存的贏家，往往都能堅持到底。
——里爾克《給青年詩人的信》

人們總是不斷美化自暴自棄或自我膨脹的行為。然而，這些毫無益處的行為，往往阻礙了我們的成功。想要改掉這些壞習慣，你必須採取行動。接下來，讓我們做些不同的工作。

在本章中，我將繼續說明這十五項任務。

任務7：從現在起，別再自我設限

自我設限的行為源自於你的思考方式。接下來的練習可以幫助你改變這種想法。你可以分次進行這項練習，不必非得一口氣完成它。但是，千萬不要省略任何一個步驟。**親身完成每項練習的每個步驟**，這是非常重要的。

想要改變自我設限的行為，首先你必須了解，你掌握了選擇的權力。

拿出你在第六章最後列出的三張清單，從每張的答案中，再選出三項你認為最需要改進的地方。將這九個項目分別寫在筆記本不同的九頁上，在每頁最上方寫下一個項目，其餘地方空白。當你改變這九個項目的同時，也會明顯感覺到整個生活上的轉變。

接著，在每一頁的項目旁邊，做一下簡單的自我描述。舉例來說，如果是「缺乏耐心」這種負面性格，你可能會這樣寫：「我非常沒耐性」；如果是「拖延」這種自我挫敗的習慣，可能是：「我做事總是愛拖延」；如果缺乏堅持到底的毅力，就寫：「我做事老是虎頭蛇尾」。以次類推，完成九個項目的描述。

然後，在每個陳述的下方，寫下一個句子，描述這個行為，例如：「當我認為某件事不能馬上奏效，我就會變得很沒耐性。」「如果事情有期限，我一定拖到最後一分鐘前才開始動。」或是，「我做事無法持之以恆。」

接著，在每個句子裡插入「選擇」這兩個字。舉例來說，將「當我認為某件事不能馬上奏效，我就會變得很沒耐性」變成「當我認為某件事不能馬上奏效，我選擇變得很沒耐性」，將「如果事情有期限，我一定拖到最後一分鐘前才開始動」變成「如果事情有期限，我選擇拖到最後一分鐘前才開始動」，以及將「我做事無法持之以恆」變成「我選擇做事無法持之以恆」。

省略步驟時的小提醒：你必須確實重寫每個陳述。如果投機省略，你將會錯失許多重要的好處。

接著，用下列這樣明顯的轉折，重新描述：以過去式重寫這些句子，並且用一個副詞來修飾，例如「常常」，代表你不是一直都是這樣的。舉例來說，把「當我認為某件事不能馬上奏效，我選擇變得很沒耐性」變成「以前，當我認為某件事不能馬上奏效，我常常選擇變得很沒耐性」，「如果事情有期限，我選擇拖到最後一分鐘前才開始動」變成「以前，如果事情有期限，我常常選擇拖到最後一分鐘前才開始動」，「我選擇做事無法持之以恆」變成「以前，我常常選擇做事無法持之以恆」。

當你完成這些步驟之後，重新讀一次，並再次檢視你寫下的每個句子，觀察其中的變化，你會從中感覺到選擇的力量，以及改變的可能性。插入一個關鍵字、改變時態或簡單的修飾，就可以讓這些句子展現出不受限制的感覺，代表你有絕對的選擇自由。你不會受限於過去的選擇，除非你選擇這麼做。大多數的人在唸出這些句子的過程中，可以明顯**感覺**到其中的差異。

想要去除自我設限的概念和行為模式，選擇全新、不受限制的模式，請根據以下步驟，一步一步完成：

在每一頁最後一個句子的下方空白處，再寫下一個正面積極的句子。舉例來說，將「以前，當我認為某件事不能馬上奏效，我常常選擇變得很沒耐性」變成「當我認為某件事不能馬上奏效，我選擇要有耐性」，將「以前，如果事情有期限，我常常選擇拖到最後一分鐘前才開始動」變成「如果事情有期限，我選擇及時完成」，將「以前，我常常選擇做事無法持之以恆」變成「我選擇做事持之以恆」。

當你完成這些積極正面、有主導性的句子之後，再次看著每個項目，以及你寫在下方的每個句子，讓感覺在心中沉澱。

接下來的步驟很重要。整整兩個星期，每天早上醒來以及晚上睡前，將你剛才最後寫下的句子各重複五遍。這不是最後的步驟（下一個任務還要繼續），但完全執行是非常重要的。別試圖加速而得到反效果。

最後一個步驟，關乎你內在程式的更新，你輸入了一個你可以操控的全新運作模式。你改變了內心的對話，創造了自己和這個新特質的連結。

這兩個星期間，你也可以一起進行下列的第八項任務，因為它是以第七項任務的結果為基礎，用全新的、特定的行為替換舊的積習。

任務8：重複六千次，建立新習性

在本項任務中，你必須選擇新的行為，替換上述任務中的九項壞習性，並做好心理建設、持續練習，直到它們變成你的慣性行為。首先，你要找出一個你總是因襲舊習的典型情境，再將舊習換成全新的、**特定的**行為。

我們再以沒有耐性為例，回想以前自己常常失去耐性的情況。也許是郵局內的排隊人潮太多時，你突然轉身離去，不但浪費了你剛才排隊等待的時間，也沒有完成該辦的事情。

好，用同樣的情境，想像自己身在其中，然後，在你總是喪失耐性的那個時間點上，找出一個替代「轉身離去」的行為。決定這個新行為之前，發揮你的想像力，盡量周全的思考各種可能的選擇。你可能選擇在隊伍中拿出愛不釋手的印度《愛經》（*Kama Sutra*）閱讀，或是背誦西班牙單字。

這種解決方法，需要身上隨時攜帶著一兩樣工具。如果你沒有隨身攜帶的習慣，那麼，你必須先養成這個習慣。學習這個新行為並不難，而且絕對有必要，特別是當你常常需要排隊的時候。從口袋裡掏出《愛經》或西班牙單字小冊，會讓你打消離開的念頭，留在原地完成任務。

另一方面，選擇不必攜帶任何物品的新行為可能更好。你可以規定自己，只要一塞在人群中排隊，就開始背誦你最愛的詩詞，或進行各種想像。你也可以將《愛經》和西班牙單字當作首要選擇，詩詞和想像則做為備用方案，當你沒帶任何東西在身上時，就可以替代使用。

當你決定了一個新的行為選擇，請開始進行心理建設，把這個行為和某個觸發事件做連結。

什麼是觸發事件呢？就是可以提醒你舊習慣，或是可以跟新習慣做連結的事。例如站在大排長龍的人群當中，這絕對是讓你失去耐性的觸發事件。觸發事件的發生頻率必須夠高，這樣才可以讓你時時想起新的習慣。

用下列的形式，進行心理建設。「每當我處在大排長龍的隊伍當中，我一定會……」，然後把你覺得最好的新習慣加進來。如果你選擇的是西班牙單字，句子就會變成：「每當我處在大排長龍的隊伍當中，我一定會拿出西班牙單字手冊，開始背誦。」

另外，你還必須培養一個特定的習慣，讓你記得隨身攜帶西班牙單字手冊。特殊的記憶方法可能像是：「每當我拿起車鑰匙，我就會順便把西班牙單字手冊放進口袋。」鑰匙就是所謂的觸發因子，特別是當你常常開車去郵局的時候。但如果你是走路、坐計程車，或是搭乘大眾交通工具，你可能必須發想其他的觸發連結，例如家裡的鑰匙就是個很好的選擇。你可以把單字手冊放在鑰匙旁邊，這樣就更容易記得了。

請注意「**一定**」這兩個字，一定要把**一定**這兩個字用在你所有的記憶連結當中。

很重要的一點是：就算你沒有身處在這些特殊情境中，也要維持這種新的思考模式，而且不論失敗或成功，都要持之以恆。當你把這個新的行為模式運用在日常生活的真實情境中，你會有一種快感，而且一切都會朝向越來越好的方向去。你的目標是把這個新行為變成一種自發的反應。因此，不斷重複是成功的關鍵。

我的背曾經受過傷，醫生指示我要復健。由於我們日常生活的動作都是完全反射性的，所以治療師設計了一連串的訓練矯正我的動作，包括重複的特定動作。每個動作練習了六千次之後，我做到了。治療師說，根據調查統計，要用一個新習慣完全取代下意識主導的舊習慣，六千次是一個基準。

同樣的，你需要不斷重複新的行為，才能將它完全融入生活，六千次其實一點也不誇張。記住，要在心平氣和的狀態下持續練習。以下的練習將會幫助你漸漸將新的習慣內化成自己價值觀的一部分，並調適你的心情去接受它。

早晚各唸五遍你選定的全新習慣模式，在你唸完每個項目後，加入這樣的陳述：「我會用心維持這些習慣。」最後，想像自己進行各種新行為的模樣，做為練習的總結。持續練習，不到一個月，你就會發現，自己已在不知不覺中習慣這些新行為了。

除了對自己說話和想像之外，請在真實的狀況中練習這些新行為。每一天，盡可能找到機會，讓新的模式派上用場。你可能必須讓自己置身於大排長龍的隊伍中，然後表現全新的替代行為。當你進入那個可怕的環境前，再重複一次相關指示，並預想新的行為。真槍實彈的上陣練習，將會加快你適應新行為的速度。很多人在一個月內就感受到明顯的轉變。

讓我再以「拖延」和「做事不持久」兩者為例，讓大家更了解新習慣的運作概念。你可以將「如果事情有期限，我選擇及時完成」，用更具體的描述，轉換成「每當我接受或制定一個最後期限，我一定馬上將它寫在行事曆上，立即安排我的時程表，確保自己可以在時限內完成，還有足夠的時間檢討回顧」。你可以將「我選擇做事持之以恆」，轉變成「一旦接下了任何計畫，我一定馬上安排時程表，如此一來，我就能以一種穩定而從容的模式，順利完成」。

練習四星期後，把下列這個重要任務加進例行公事當中。舉例來說，描述一下「缺乏耐性」，總結你在不同情況下所表現出來的典型行為，並將它們記錄下來。這些沒耐性的表現，在日常生活的不同場景中上演。除了郵局的排隊人潮之外，可能還包括了「當兒子沒把腳擦乾淨就踏上地毯時，你老是抓狂」的情況。每種狀況中，包含許多不同的反應和動作。以此類推，詳列出來。最後，你必須處理在不同狀況下所產生的不同反應和行為，想出新的替代方案來改進。

以負面個性、自我挫敗行為，或是你尚未熟練的技巧為考量，找出兩個會讓你發作的典型情境。

首先，選擇一個你認為最需要改變的情境；接著，採用一個明確的全新模式來維持你的新習慣。記得，一定要是明確而又正面的全新行為，不要模稜兩可。光是像「下次當華倫斯又滿腳泥濘踩進門時，我不會生氣」，這樣是不夠明確的，要加進一個新的動作，像是「那時候我就哼首歌，或從一數到一百」，才會真的發揮效用。新的運作模式可能還包括鎮定的說兒子幾句，跟他解釋泥濘、地板，甚至聊到存在主義。和之前一樣，早晚各複誦五次這個新的運作模式，並重複陳述：「我會用心維持這些模式。」然後，想像你付諸行動的情況。尋找適當時機，跟兒子開明的討論一下泥濘的鞋子或其他主題。你甚至可以考慮故意把院子的土弄成泥濘，製造鍛鍊自己的情境。

要養成新的習慣並不容易，因為相似的情境會觸發你的習慣模式，這就是為什麼我們要從所謂的觸發事件著手。當你想用新的習慣取代現有的習慣，新舊兩個習慣等於同時在競爭，比賽看誰可以先影響你，而相似情境會刺激你做出慣性反應，行之有年的舊有行為模式可能會佔上風，這是你面臨的最大考驗。將新習慣模式與這些觸發事件做連結，可以加速替換過程的進行。當然，將負面的模式轉換成正面、全新的行為，隨之而來的成就感是很有力的誘因。

打擊自我挫敗和自我設限行為模式的同時，還有些地方必須注意。請你檢驗你從舊習慣中得到了什麼好處？你又是怎麼為這些積習辯解的？當你遭遇困難的時候，問問自己，逃避能否帶給你想要的結果。學著珍惜「接受挑戰」、「對抗舊習慣」這個全新的行為，拋棄固守安逸的心態。最後，不要再編任何理由。就是這樣。

任務9：改變你說話的模式

我曾經和朋友克利弗參加一個派對，他是非常精明的生意人和投資者，總是能快、狠、準的做決定，因此聲名遠播。他的措辭絕對不會出現「可能」、「也許」，或是「我會試試看」、「再說吧」這種說法。基本上，他不會坐等事情發生；**他**自己規畫、**自己**設定期限，並且**自己**根據計畫力行完成。他的言論也表達了他對人生的態度。

克利弗在那晚提到，他現在已經能控制自己每天只抽一根菸，這是他一時興起、卻很不尋常的目標。為了達成目標，他訂立相關的計畫，並且持之以恆。這就是他的風格。但是，當我問他會不會用這個方法把菸完全戒掉，他回答他有考慮過，但之後又語出驚人的加上：「但是我想看**它**會不會自然而然的發生——不管**它**成不成功都是個有趣的現象。誰知道？搞不好最後抽得更凶。我們就以平常心看待吧。」

我特別用不同的字體強調他選擇的用詞，當然他並沒有特別強調這些字，也沒注意到自己語氣上的轉折。但是看看這些措辭的差異吧！很明顯的，戒菸不是他的目標；因此，顯而易見的，我們也知道這件事不會發生。他的言談中已經透露了一切。之後我又在別的場合見到他，他已經回到一天抽一包菸的狀態了。

雖然語言、感受或信仰出現的先後次序，就像是「先有雞，還是先有蛋」的哲學問題，但克利弗在這裡選擇的措辭，反映出他對吸菸的模糊態度。這種模稜兩可的心態也是他沒有戒菸的原因。

人不會平白無故的使用某種表達方式。雖然我們跟克利弗一樣，都在無意間採用了不同的語氣和轉折，但我們說出的話、選擇的用語，在在反應出我們的信仰、期望和意圖。所以，我們的表達方式反映出我們對現實的觀感，甚至可以從中斷定某件事會不會發生。換句話說，我們用語言表達出自己的期望，當然也包括了諸多限制。因此，你說話的方式能夠幫助你獲得解放，也能讓你失去自主。你可以充分運用語言的力量來帶動改變的計畫。以下幾件事是你可以努力的：

■ **除去表達含混的曖昧用語**。舉例來說，「如果可以，就試試看」裡面的「試試看」，是很負面的消極用詞，影射出你的嘗試是條件論的，好像環境允許才有可能發生，也因此力道不足。事實上，「我會試試看」在某種程度上，就是一種拒絕的禮貌型式。這裡的**試試看**並不等於嘗試或檢視，而是一個狡猾的字眼，代表你有可能曖昧其辭。如果你問朋友禮拜六晚上可不可以過來吃晚飯，而他們的回答是：「我們盡量試試，看到時能不能過去。」我想，你可以直接另外安排時間，看看他們什麼時候有空吧。所以，除去**試試看**這三個字。

使用**試試看**，多少意味著你會嘗試一下，但通常暗示了你會中途放棄，不會成功。當某人說「試著去做」或「盡力試試看」，代表他們希望你努力，但卻不期待你會成功。事實上，「盡力試試看」幾乎等於被認定了不會成功，它的語意其實暗示著：「別擔心，反正我也沒指望你會成功。」仔細想想，當你即將被推進手術房之前，你會對你的心臟外科醫師說「你就盡力試試看」嗎？同樣的，對自己說「試試看」的意義也是一樣。使用曖昧軟性的語言，等於允許自己或其他人不必付出完全的努力。

當你用曖昧的表達方式和自己對話，你會不自覺的聽從這些暗示。清楚表達意念的言語聽起來則完全不同，它直接對聽者表達完全不同的要求。使用明確的措辭，你創造了清晰的目標和指示，心理也會隨之調適。讓我們來進行一個令人驚訝的練習：一星期內，只要提到任何自己即將進行的動作，禁止使用**試試看**這個字眼。觀察效果。很快你就會發現，自己有多常使用這個說詞。或許你還能發現使用頻繁的原因，也**感受**到語意背後隱藏的意義。我的一位病人曾經告訴我，進行這項練習，就像是竊聽自己潛意識的聲音。另外，觀察一下，**禁止**自己使用**試試看**這個字眼，和**試著**不要使用**試試看**這個字眼，兩者的差異何在。

■ **除去「有點」、「大概」這種語帶保留的字眼，尤其當你談及自己的想望時**。曖昧的用語會讓你的行動受限，特別是和一些看似認真的字眼結合在一起的時候，例如這兩個字：**真的**。請問，「我真的有點想做」是什麼意思？這種不明確性會滲入你的想法當中，影響你做事的能力。所以，談及目標的時候，請使用明確的字眼，不要語帶保留，針對你的目標和你想實現的計畫，請說：「我會做到。」並說出你何時會做到。

■ **注意並改正規避個人責任、抹煞自己力量的用語**。你加諸於自身的限制，會透過語言表達出來，掌控你外在的行為。像克利弗這樣果決的人，講話一定簡潔有力，一定用現在式直述法，還有活力十足的語調。這樣的陳述聽起來就是不一樣，意義當然也不同。比較這兩個句子的感覺：以消極的聲音說「今天要是能做完就好了」，或以積極的語調說「我今天會做完」，甚至是命令句「今天要做完」。如何？聽起來很不一樣吧。那是當然，因為，它們**就是**不一樣。

當你用消極的語調，或讓句子的**主詞**變得曖昧或不確定，就像克利弗提到戒菸時的語氣一樣，等於暗示了事情不會依照你的意志發生，或外在事物並非在你的掌控當中。沒錯，你不能掌控所有事情，但那樣消極的言論更代表你不會盡力去做，當然也就不必承擔後果和責任。雖然有時候規避責任是很吸引人的，但常常這樣做，卻會讓你付出極大的代價。當你降低責任承擔的同時，你的個人能力和掌控力也會漸趨低落，最後整個人變得被動消極。誰需要這種賭注呢？

與其想盡辦法逃避責任，還不如展開雙臂迎接它，增加磨練自己的機會。活力的語調就是你願意承擔責任的表現，它能讓你自由，讓你完全發揮掌控生活的能力，個人效率也將大為提高。

■**請節制負面的陳述**。一天當中，注意你自我設限的語氣。「我討厭公開演說。」「現在回學校唸書太晚了。」「我沒辦法計畫，因為我對細節掌控很沒輒。」這些都是負面的、自我設限的陳述。就像我們討論過的，不斷重複這些話，你就會永遠動彈不得。

你可以用前面任務7中所提到的方法，藉由反轉負面陳述，去除這些限制。把「我討厭公開演說」變成「我選擇喜歡公開演說」，把「現在……太晚了」變成「現在……還來得及」。你還可以把「我無法」這類的陳述，例如「我無法學俄文」，變成「我目前還沒」這樣的說法，像是「我目前還沒學俄文」。請感受其中的不同。

請別人加入，一起幫你找出負面、自我設限的陳述。你可以邀請家人、室友、朋友一起玩，把它變成一場持續進行、有趣而無傷大雅的遊戲。每個人都必須小心自己是否說出了負面的話語，只要有人一說出任何自我批評、自我設限的陳述，就必須把它轉變成正面的話語，重新再說一次。藉由語意環境的轉變，你會感受到其他的變化。

如果當時的環境不允許你大聲的反轉負面陳述，你可以在腦海中再說一次，或用一個另類的替代方法：不小心說出負面字眼後，盡快在說了以後告訴自己「除去」或「取消」，這樣就可以了。

■ **談到負面模式的時候，請用過去式**。把任何關於自己的負面陳述變成過去式，例如，不說「我很自私」，而是「我以前很自私」或「我過去曾經很自私」。還有，「我老是一時興起就去做某件事，新奇感一消失我就放棄了。」變成「我以前老是一時興起去做某件事，然後很快就放棄了。」這是一個簡單而有力的方法，把以前的作為歸於過去，你會看到現在和未來的可能。用過去式描述你想要改變的積習，表示它們已經被改掉了、正在改進中，或至少是可以改變的。

心理學家吉姆．法狄曼（Jim Fadiman）指出，使用現在式，表示你對未來充滿期望。如果你說「我很聰明」，意思不只是你現在很聰明，而是這個特質會一直持續下去——未來你也會是很聰明的。所以，當你用現在式描述負面性格，相互增強的效果是一樣的。因此，把負面性格留在過去，避免自己再受到影響。

■ **提到你任何正面的特性時，請用現在式，不管你有沒有常常顯露出這個特性**。把它們當作你的一部分。既然你企圖要維持它們，用現在式絕對無可厚非。現在式創造了一種需求，會讓你加倍努力，以符合這樣的描述。

法國哲學家亞倫曾經說過：

自信決定一切，尤其是在人類的世界。如果我沒有善用自信，很多事一定偏差連連。如果我相信自己會失敗，我就會失敗；如果我相信自己什麼都不能做，我就會一事無成；如果我相信自己的希望將會落空，它就真的會落空。請務必特別小心。從內心感受到外在際遇，好壞皆操之在我。

任務10：看一看，自己進步了嗎？

你可能覺得很好奇，為什麼要把「認知進步」當作正式任務的一部分。因為，有些人進步了卻不自知，或把起始階段的跌跌撞撞，誤認為是難以克服的困難。人們沒察覺出自己的進步，因為他們把焦點放在目前的缺點，或對自己的進步有錯誤的期待。但是大家都忘了，小時候在學會走路之前，你必須經歷過無數次的跌倒。

第一章曾提到的史黛西，她發現自己在改變的過程中只要遇到挫折，就會很沒耐性持續那些練習，整個人心浮氣躁，開始幻想搬到西雅圖或是回聖地牙哥。改變自我設限的習慣和追求智慧，聽起來有點無聊、乏味，並且太過嚴肅，她很害怕會因此失去個人的特質。但後來她想通了。這些想法都和之前頻繁的變動有關。很快的她了解到，這些想法就是自我設限、自我挫敗的模式。當她觀察出自己的想法有多麼的狹隘、重複和機械化之後，她很震驚。她把這個啟發當作跳板，以此為警惕，朝向真正的進步邁進。

當你開始改變之後，請小心不要受到以往思考模式的影響，它們常常會跳出來否定你的進步。在早期就察覺出自己的進步是很重要的，它會以各種形式出現，有時甚至伴隨著不耐煩和挫折感。如果你小看自己的進步，或嘲笑自己初期的努力，很可能就會中途放棄。如果你是典型的「自我懷疑／自我打擊者」，這種傾向會在改變的過程中不斷出現。所有針對新目標的努力都會看得出成果，不論表面看起來如何，它們都是你必經的初始階段。不要用「我落後太多了，如果這也算進步，那簡直是個天大的笑話」，或是「真是太丟臉了，我看還是盡早承認我是個輸家比較好」這種話來打擊自己，或是一些矮化自己的陳述，例如「我和一開始根本沒什麼不同」、「現在改變或許已經太晚了」。告訴自己，你正在前進，這就是進步。

除此之外，你還要做好心理準備，對抗心中的恐懼。這種恐慌常常在改變尚未明朗化時出現。

第一章出現的辛蒂，尋尋覓覓一個靈魂伴侶，但是等他真正出現的時候，辛蒂卻退縮了。真正的改變都會伴隨波動起伏，很容易讓你感覺受到威脅。如果你正好這樣覺得，別擔心，矛盾對立的想法正是你進步的表現。

學著辨識自己的進步，你就不會錯過任何跡象。以下的練習是以解決問題為前提，根據一種特殊的治療法為基礎，所發展出來的技術應用。請把筆記本準備好，開始進行這項練習：

想像在一夜之間，奇蹟發生了。醒來之後，你有了堅強而正面的人格特質，自我加諸的限制和自我挫敗的模式全都不見了，取而代之的是全新的行為模式。果真如此，你會先在哪些地方看出自己的轉變呢？整天持續觀察，記下你看到的一切——你對別人的態度，他們對你的回應……，所有可以證明奇蹟已經發生的特殊事件。當你完成這樣的想像之後，把這些全部記錄在你的筆記本上。

舉例來說，早上你可能看到自己正在檢查行事曆，確認今天要完成的事項。你也可能注意到一些細節，像是你選擇穿上的服裝、早餐吃的玉米脆片、做哪種運動、上哪些課程，以此類推。你可能還注意到，人們對你的態度改變了，你和他們的互動也大有不同。

完成這份清單之後，把它貼在你隨時看得到的地方，最好是貼在行事曆的旁邊。每天早晚從事其他練習時，都借重它的效用。任何時候，當你意識到、體驗到這份清單上的任何一個項目，就把它當作是進步的象徵。你的人生，就是一連串內在、外在事件的組合，每個將你推向新方向的事件就是進步。讓自己感受到它的發生，強調它，放大它，讓自己更從容的適應全新的人生。

任務II：打造一份夢想企畫書

羅勃想要學程式設計，強納森想要練打高爾夫球，史坦想要成為法國文學專家。沒有具體而完整的計畫，一切都是空談。

每個領域的佼佼者都知道：想要成功，你必須知道方法。你需要一份正式的計畫書，裡面包含了時限、檢查項目、主要目標和次要目標。沒有這份計畫書，你可能會一直在原地打轉，永遠無法出發，或毫無頭緒的誤打誤撞，最後被弄得筋疲力盡而放棄。

現在，該是時候完成這份計畫書了。不管你的夢想是什麼，你的企畫書必須：

1. 把最終目標和夢想轉變成具體計畫。
2. 把具體計畫轉變成不同階段的任務。

3. 把階段任務轉變成可執行的行動步驟。
4. 精心規畫，讓行動步驟由簡到繁，循序漸進。
5. 把行動步驟轉變成特定的活動，可以在特定時間內執行完成。

如果你能充分掌握上述五大步驟，一定可以順利擬出一份完美的企畫書，抓住你尚在雲端的夢想，落入實際，化為可執行的步驟。依照順序，完成你的計畫書，不要漏掉任何細節和工作細項。之後，請你的支持者過目一下，並且遵循這些步驟，這樣才算大功告成。你可以隨心所欲決定這份企畫書的格式，一切取決於你的目標。這份企畫書可能非常簡潔，只有一、兩頁，或是條列出所有的執行事項，或是以活頁、投影的方式呈現，你可以盡量發揮創意。它是你的工具，也是指引你方向的地圖。

企畫書要寫得多細呢？依照你「劣根性」的強弱、自我挫敗的慣性、容易受人影響的程度，以及你心中的計畫而定。每個人對架構的適應程度和需要程度都大不相同。如果你像奧古斯特一樣，喜歡採用且戰且走的隨性方式，那麼，一份準備詳細、結構完整的企畫書一定能帶給你莫大的幫助，效果遠大於你習以為常的老方法。反之，如果你的目標需要很多不同步驟才能完成，光是把它們寫下來就是個大工程了。

這份企畫書是讓你利用的，而不是束縛你的。它是你達成目標的工具，卻不是目標本身。要讓它發揮最大的效應，內容不能只有大綱和方向，你必須為自己量身訂做一個循序漸進、沒有任何遺漏的計畫，才能確保每一分努力都正中目標，務實又有效率。它必須是系統而全面的，不要隱藏任何「預測」或「推估」，請記住木匠的座右銘：「測量兩次，一次裁好。」

沒當成歷史教授的雷諾，一開始覺得太注重計畫，有違他「慣性滑行」的風格。他很自豪自己從來沒為了什麼計畫而屈就任何事。因此，當他開始擬定夢想企畫書的時候，沒多加思考就草草完成。但他馬上就了解到，自己漏掉了很多事情。直到他認真注重細節、再次打造一份完美企畫書之後，他才深深體會到，這種反省和思考的過程對他的創意非常有幫助。他發現自己一直處於受限的狀態中，老是等待事情發生在他身上，「自然發生」是他對創意靈感的定義，但其實這都是自我設限的心態在作祟。藉由不斷反省、檢視企畫書的過程，他發現一直以來忽略的許多可能性，這是他意想不到的收穫。他說：「退後一步，才得以遠眺整片森林，看到無限可能。」他體驗了計畫的好處，急於與其他成員分享。

為了讓計畫發揮最佳效果，請盡力確保它的完善，只要是能夠確保成功的特質，全都將它們納入計畫當中。如果偷工減料或貪圖捷徑是你過去的習慣，建議你快點進入狀況，從細節做起。相反的，如果你一直卡在計畫階段，也請你快點上路，別作繭自縛。裝忙也是一種逃避和拖延，不要讓計畫和準備階段無限延長。建立一套明確的計畫之後，就開始動工吧，你可以在過程中不斷調整自己的步伐。

談到企畫書的準確，請你的支持者詳加檢閱。你的計畫應該要非常清楚，讓他可以一目了然。你的目標是去除隔閡、模糊不清和各種漏洞，縮減不必要的步驟，或補充不足的部分。然而，並不是要你寫一份五十頁的文件。如果你不擅長計畫，做個實驗，給自己三小時，想出你能力所及最完美的企畫書，然後拿給你的支持者看，讓他評估哪些地方需要補充。你可以想像自己要做什麼、需要哪些步驟完成，以及可能遭遇的困難。或是反其道而行，想像你已經到達目的地，然後回想每一個動作和過程，就像尼克勞斯想像他的高爾夫球賽一樣。不管你選擇哪一種方式，將它們寫下來。

最後，計畫的最終版本必須很吸引人。如果一開始你是寫在餐巾的背面，沒關係，很好，很多偉大的想法都是從那裡開始的。但是，最後記得把這些想法和計畫謄寫到品質良好又持久的媒介上面，並保持它的乾淨和整潔。請以必要的尊敬對待它。

只要計畫周全，你也能像之前所舉的例子一樣，出神入化的走私驢子。如果你能依照細節來計畫，代表你有考量現實的能力以及良好的時間觀念，而且你有思考和簡化過程的能力，讓看似不可能的目標變得很有希望達成。久而久之，這樣的思考模式會在不知不覺中增添你更多的自信。

任務12：訂立目標，別再「這樣就可以了」

訂立目標、將它們寫下來，並且不斷回顧檢討的人，較快能達成夢想。根據報告顯示，他們也處於比較快樂的狀態，能從生活裡獲得很多滿足。更重要的是，「擁有目標」對你的生理、心理健康都非常有益。卡爾．西蒙頓（Carl Simonton）是癌症研究權威，他發現癌症末期的病人中，擁有目標的人比沒有目標的人活得更久。學習在何時訂立目標、怎麼訂立目標，你就能更快完成夢想。

設立目標，可以讓你從「如果有……也不錯」的隨緣心態，轉變為更加積極進取的精神，就像過馬路一樣：你專注於清楚的目標，然後朝著某個方向前進。長程計畫會深入你的潛意識，當你專注於某個特定的活動時，隨時激勵你、提醒你去尋找更多可能和解決方法。因此，設定目標的效用，一部分像是衛星接收器，一部分又像雷射發光。

以正確方式訂立目標，它們的功效將會大為提升。以下，我將用長程和短程兩個不同類型的目標為例，進行說明。不論長程、短程，堅守以下兩個原則是非常重要的。第一，設定專屬於你自己的目標，不要讓別人替你決定，也不要幫別人設定目標。第二，寫下自己的目標，並時常審視檢討。如果是長程計畫，請將它放在心中，不要讓別人知道，也讓別人保有他們的祕密，這是非常好的策略。

你已經知道自己的夢想或長程目標，並將它們化作一系列的計畫。接著，把這一系列計畫分類，分成十五個項目，個別寫出你想望的結果，例如「我希望能夠流利說英文」，並把這些目標放在舉目可及的地方，就完成了最重要的步驟。我曾經接觸過一些人，他們擁有明確的目標，但他們所做的只是在新年那天寫下新年新希望，把它們放進抽屜，就再也沒去看它，直到下一個新年。

為了有效達成長程目標，用現在式寫下每一個目標。例如把「我希望能夠流利說英文」變成「我說英文很流利」。

每天早晚重複五次這個句子，直到你完成目標。這個練習的目的，是要你把長程目標當作一種要求，督促你持續努力去完成。

請不要為你的長程目標訂立期限。因為如果你的長程目標有最後期限，你就不會費心去尋找真正有創意和有效率的解決方法，你會錯過許多能幫你更快速進步的機會。

至於短程目標，是幫助你在短時間內完成目標的工具。短程目標的例子包括：在一星期內打六通電話、開兩個新聞會議，或看完某一本書。短程目標通常都針對特定目的而設，並且有清楚的期限。它和長程目標最大的不同是：你會刻意的將它們公諸於世。

以下是設定短期目標的方法。選擇一件你想在一星期內完成的事，將它寫下來。將這個目標大聲告訴你的支持者，並在一個星期後驗收成果。每天都檢視你的目標，採取必要的動作，安排自己的行程，把它當成無可妥協的第一要務。

任務13：失誤率不可能是「零」，擬好備用方案吧

心理學家約翰．恩萊特（John Enright）總是以這個故事為例：多年前，加州司法考試一年才舉辦一次，早上八點開始，遲到的人就無法進入考場。如果你想參加考試、不想再多等一年，你一定會排除萬難，確定自己準時到達。

恩萊特說，這麼多年來，遲到的人數是零。想要參加司法考試的人事先就做好萬全準備，盡全力預防會遲到的原因：把車子的油加滿，如果車子狀況不好，做好預備措施，有些人乾脆就住在附近的旅館。顯然每個人都研擬了備用方案，準備應付各種突發狀況。

像這種失誤率必須是零的狀況，你需要備用策略。事先就做好規畫，可以未雨綢繆。最糟的情況莫過於遭遇到可預防的挫折。請做好萬全的準備，妥善保護你的努力，不要任意加以揮霍。

雖然這十五項任務已事先針對一般性問題，設計出相對應的解決方法，然而，培養一套周全的備用措施，可以幫助你解決過程中出其不意的突發狀況。當史黛西發現自己的自我挫敗行為來自於

藉由不斷更換工作來逃避自我，她決定每個星期撥出固定的時間計畫下星期要做的事。藉由這個小小的規律動作，她讓自己的努力更有效率，也不必再花費冗長的時間處理拖延已久的瑣事。如果你用策略性的方法事先計畫，也準備好備用措施，就不會驚慌、不會浪費時間、不會被挫折擊垮，也不會以心靈空虛做為放棄的藉口。

最好的後援計畫來自你的自我認知。先想好你總是在什麼狀況下放棄或逃避，然後決定：如果同樣的狀況再發生，你要怎麼做。假設你在壓力下就會逃避，習慣性的把計畫拖上好幾個星期不管，那麼你的備用方案可以是：只要遇到這種危機狀況，就馬上打電話給你的支持者。這個瞬間動作是很重要的。沒有準備一兩個危機處理方案在身邊，你就隨時身處在危機當中。你**至少**需要準備一個事先**模擬**好的緊急策略，以免計畫生變時束手無策。別指望你可以在突發狀況中保持冷靜，成功的隨機應變。因為，所謂的隨機應變，代表你會不自覺的採用舊有的行為模式，甚至可能逃離現場。因此，一定要事先知道下一步怎麼走。

再怎麼有經驗的機長，不管他多常駕駛同一架飛機，每次起飛前，一定還是會遵循特定的檢查作業，避免人為疏失。秉持這種精神，不要漏掉任何練習，設計一份屬於你的每日檢查清單。

三十三歲的娜黛兒決定，她的檢查清單和每日小提醒，必須極盡誇張之能事，這才是最謹慎的方法；沒有了它們，她擔心自己無法持之以恆。基於這種拒絕失敗的心態，她在所有看得見的地方，放了一份檢查清單和便利貼小提醒，包括床頭櫃、浴室的鏡子、車子的方向盤，以及冰箱門。她甚至還在牙刷的把手貼了一張小紙條，上面寫著：「上床睡覺之前，務必完成並檢查清單上的每一個項目。」這個訊息，她走到哪裡都看得到。

任務14：使出渾身解數，選擇並完成一個計畫

「準備」和「計畫」都是必要的工作，但是全心投入、實際去執行一項任務，卻是完全不同的體驗。這是一種出擊，使出渾身解數，從細節開始動工，是付諸行動的經歷。教堂的第一面牆，已經成形。

想成為自創品牌的珠寶設計師，你的任務可能包括上課、跟在設計師身邊實習，或是進入珠寶公司工作，同時還得完成財務規畫和商業課程。其他的夢想，像是學會大提琴，則不需要這麼多具體的步驟。現在，你已經確認了自己的夢想，並將它化為一系列相關的計畫，從中選擇一個來執行吧。

你選擇的這個計畫必須可以循序漸進，並且具有相當程度的挑戰性，才能考驗你的知識和技能。如果計畫太過簡單，你的收穫會很有限；如果太嚴苛，你又會因此受到打擊——不要選擇從房間最後方出手的超難任務，或直接站在小丑前方的僥倖成功，兩者的收穫都很有限。強烈建議你選擇一個難度適中的任務，不要太心急。

讓我們看看史黛西的例子。當她要實行這個計畫時，她的夢想仍然不明確。她需要比別人花更多的工夫確認夢想，需要更多的耐心和毅力選出這個計畫。

花了一個月的時間練習第二項任務之後，史黛西再次發現她對景觀設計的興趣，包括了餐廳設計、庭園造景、居家裝潢，甚至是舞台設計。一開始她不願表明自己的興趣，因為她看不見出路，無法確定自己的心意。

史黛西的決心受到考驗，她可能因此停頓、轉行，或放棄之前所投資的所有心力。然而，在大家的鼓勵下，她決定在每個禮拜四的晚上，花三小時研究相關的設計知識。她的計畫比較保守：先探索這個領域的相關資訊，然後根據發現結果，再決定要不要繼續。

她的第一個時程是這樣子的：「十一月十日星期四，晚上8:30到11:30，上網搜尋關於室內設計的資訊。」

搜尋網路資訊的同時，史黛西還定期前往大學圖書館，並且造訪她最喜歡的餐廳和花園。於是她慢慢發現，自己真正的興趣是照明設計。隨後，她將目標集中於照明這個部分，並繼續研究室內設計師、園藝家、舞台指導和建築師的訪談資料。史黛西能有這麼大的進步，關鍵就在於每星期挪出的這三小時，並事先決定好該如何運用。

為了實現計畫，史黛西自願幫一個地方唱詩班的冬季表演擔任燈光配置的工作。三個月後，她又自願幫朋友的咖啡廳設計燈光。九個月後，史黛西變成一個地方舞蹈樂團的燈光指導，充分發揮她所學到的知識，並考慮把這個領域當成她的志業。一年之後，經過思考，史黛西稍微轉換了跑道，加入一部關於舞蹈燈光效果的紀錄片拍攝。

「我從沒想過自己可以堅持到底，完成像這樣的任務。」史黛西說。

這裡有幾個重點值得注意。首先，史黛西的適應力很強。在過程當中，她善用適應力的正面特質，敞開心胸，接受各種機會和可能。過去她是個沒定性的「跳房子嬉遊者」，但這次，她並沒有直接跳走，留下未完成的事情，反而全力以赴達成目標。在堅持的過程中，她知道自己的興趣有無限發展的可能。更重要的是，她從一連串的計畫出發、付諸行動，最後達成了夢想。

任務15：終極大躍進

終極大躍進，這是一種態度，也是一系列你需要的練習；這些練習不但可以幫你完成計畫，更能帶你達成改變的終極目標。這個任務的目標是確保成功、不許失敗，方法則是竭盡所能掌控你的生活。

管理你的時間。良好的時間管理是本計畫的重要關鍵。為了充分利用時間並完成任務，請你規畫一份時程表，並且嚴格遵守。能夠達成夢想的人，都能依循一份合理的時程表來過生活。規畫生活是一門藝術，而如何遵守時程表，則需要建立一套特殊的運作指令。

這份時程表必須是兼顧你的目標與日常生活需求的時間規畫。不要為了進行這個終極計畫而犧牲了你的個人生活，或是其他基本的生活需求。你會變得更渴望時間，因而更有效率的使用它。當你跟著這份時程表生活，你不會遺漏任何機會。

把一天內所有想做的事情進行排列組合，是一門藝術。什麼時候最適合運動、洗澡、休息、聽音樂、閱讀或學習？每天的需求可能都不盡相同。時程表的目的不在於把生活統一變成單調局限的狀態，而是確保你有時間完成所有想做的事。如果你需要加強自己的時間管理技巧，請練習製作各種時程表——別忘了把製作表格的時間也算進去。藉由練習的過程，你可以更實際的規畫生活，讓每一個行動都出於完善的考量，避免無謂的即興冒險。

自由撰稿者布萊恩，他的終極大躍進幾乎變成了一場聖戰。以前總是渾噩度日、做過許多錯誤決定的他，現在可以享受計畫的樂趣，讓自己的努力更集中、更持續。現在，他的夢想是躋身新聞界，首要目標就是在報社找份穩定的工作，就算從基層做起也沒關係。他不再想要一步登天，決定照著有系統的計畫前進，培養可以幫助他完成夢想的各種習慣。

他的第一個計畫就是精進他的寫作技巧。他報名了社區大學的新聞寫作課程，拿出他以前的筆記本，每天寫作半小時。為了確保成功，他的終極計畫還包括每天提早一個半小時起床，進行預想和其他的練習。他事先知會朋友，當他工作的時候就把電話線拔起。他沒有屈服於搬到洛杉磯的誘惑，決定留下來全力衝刺，不再三心二意。

採取徹底的手段。你必須立下百分之百、無可妥協的承諾，為了達成夢想，你必須採取必要的行動。通知朋友，什麼時候打電話來比較方便。控制外在的干擾。節制你在網路上的時間，包括收發電子郵件。把電話線拔掉，至少把電話答錄機的聲音關小。當你從事一件重要的事情，暫且就把外在的人事物隔離在外吧。另外，請持續進行上述各種支持夢想的練習。

布萊恩的終極大躍進，是針對自己過去的絕地大反攻。打個比方，如果你全身的骨頭都已經斷了，還會在意慣常的姿勢或身材這類問題嗎？布萊恩需要的，就是打破自我設限的行為模式。他過去的目標總是渙散不定，當他確定自己的理想，並且下定決心達成時，自然而然就會採取必要的激烈手段。

你的生理作息究竟要配合這個終極計畫多久呢？答案是：需要多久就配合多久。為了突破之前禁錮你的障礙、為了確保新習慣的培養和技巧的熟練都能突飛猛進、為了維持和鞏固你的收穫，請持續這個終極計畫，直到你的新習慣變成你的第二天性，確定你過去的限制已經徹底消失。

每當你想要完成某個重要計畫時，請採用這個終極大躍進計畫，並且持之以恆。當你使用新的技巧時，如果不斷重複這些步驟，成功絕對勢在必得。眼前還有一連串的計畫在等著你，請貢獻充分的時間，採用整套模式。你已經在夢想的路上了。

你需要一直運用這套終極計畫模式嗎？想要喘口氣的時候，你可以自己決定。有些人在完成一項重大計畫後，會小小的放鬆、慶祝一番，再進行下一個任務。然而，千萬不要中斷這些正面的習慣。至少，請記得練習前面提到的五分鐘定律。

你是唯一可以直接控制你自己的人。善用你的決心，訂立一個終極大躍進計畫。以一種從未有過的堅持，堅持到底。

III

成長的驚異之旅

第8章
高山症，及其他鳥事

一個人的悲劇不在於他輸了，而是他差點就贏了。
——海伍德・布朗 Heywood Broun

三十六歲的弗列茲找到人接手他的手工吉他公司之後，決定為自己擬定一個五年計畫：在後院親手打造一條船，然後乘著它環遊世界。

弗列茲願意接受適度的冒險。雖然有過一次小小的航行經驗，但是他從沒造過船。然而，一直以來，他用木頭製造手工吉他，擔任消防義工時也受過醫護訓練，個性機智又謹慎，善於詳立計畫和解決問題。因此，他的夢想具有相當程度的挑戰性，但又在可實現的範圍內。他列出了必要步驟：報名參加航海訓練課程，購買材料和工具，準備開始打造他的夢想之船。所有事情都依照計畫進行，直到問題出現了。

兩年之後，他發現自己用來黏固木頭的環氧樹脂開始脫落，也就是說，這艘船即將面臨四分五裂的命運。然而，弗列茲可沒因此「解體」，雖然無法挽救這艘船，無法挽回兩年來的努力，但他並沒有放棄。既然已經立願要環遊世界，他開始改變方向。他賣掉了自己的資產，買了一艘船。依照他的五年計畫時程，他還是出海了。

弗列茲的夢想也許不像你的那麼特別，但值得我們注意的是，當他遇到重大挫折的時候，他選擇繼續。融會變通的適應力是他最大的優點，並且能搭配適當的補救措施。如果你的適應力能夠結合不屈不撓的耐性、機智和雄心，願意接受適度的挑戰，必要時還能一絲不茍、掌握細節，那麼，你已經掌握了克服障礙的祕方。

當然，我很希望能告訴你，一旦你開始執行計畫，就能一路不受干擾、沒有麻煩，順利達成目標和完成夢想。然而，人生之所以為人生，意義就在於它充滿了矛盾、挑戰、複雜的抉擇，還有各種驚喜。如果你像弗列茲一樣，面對挫折時能夠隨機應變，並迅速恢復精力，那麼，在和生活搏鬥的過程中，你將能獲得額外的自信，成果甚至會超乎你的預期。

當你全心全意面對人生，勇敢承受它的挑戰和打擊，你的潛能將開始全面發揮。然而，你剛養成的這些新習慣還很脆弱，在過渡時期特別需要你的細心維護。因此，為了保護你到目前為止的進步，行事要明智，有時還得加把勁。

維持的階段，和行動階段一樣重要。為了鞏固新基地，你必須重新安排自己的生活，來因應新改變。就像花園裡的新芽，或是剛出生的寶寶，新的習慣需要你特別的關注和照料。滋養和保護，就是維持階段的首要任務。

在本章中，我們將檢視你鞏固收穫的方法，並且教你一些技巧來強化新的習慣，避免故態復萌。我們要討論的議題包括：應付可預測或未知的挫折，繼續所有的練習，接受並處理改變引發的效應，掌控改變的步調，跟著時程表作息，解決突發的狀況，以及隨著進步而來的各種問題，例如要求的增加。此外，本章還會教導你完成上一章任務14中、開始進行的計畫，加以延伸，進而實現夢想。最後，我們還要問問自己是不是用力過猛，並帶你檢視各種暗示危險的狀況。

放心，鳥事是一定會發生的

即使你完成了這十五項任務，挫折仍是生活或改變過程中不可避免的一部分。就在你剛培養了新技巧，覺得一切大有進展的時候，鳥事就是會發生。

如果你先做好準備，並了解衝擊的原因，那麼，挫折其實是成長的一種養分。人會一直遭遇到困難，可能是因為你做了什麼，或沒做什麼；有時是始料未及的意外，例如黏不住東西的環氧樹脂，有時則可能是真正的不幸，例如疾病或死亡。另外，別人的行動和決定，有時候也會造成你的阻礙。

當你自己就是挫折的源頭，請立刻弄清楚自己的角色，然後從顛躓中**學習**，做必要的調整。

挫折的原因往往是因為你的資訊不足，或是暫時被以往自我挫敗的積習所掌控。找出原因，做好情緒管理，跟別人聊聊自己的心情和當時的狀況，然後接受事實，不要攻擊自己。攻擊自己無疑只是浪費時間，不但降低你對自我的評價，也阻礙了向前邁進的成效。

相反的，刻意培養樂觀和平穩的心情，會讓你更有策略、更富創意，更能找出解決問題的方法。障礙、麻煩和脫軌，都是你存在的象徵。下定決心，越挫越勇，將它們轉化成動力，讓自己變得更難纏、更堅強。從克服困難的過程中，你會獲得喜悅和力量。

如果你遭遇的挫折來自外在環境，請向當事人抱怨，不要害羞。但即使憤恨難平，如果你把精力花在抱怨他人，或耽溺於自怨自艾的情緒中，只是浪費你挽救的力氣罷了。不要常常懷著受害者的心態。對某些人來說，這是非常誘人的陷阱。聰明點，繼續前進，創造充實的人生。身輕如燕，讓別人去咬牙切齒。

遭遇了無法解決的問題，例如親愛的人逝去了，請尋求慰藉和支持，適時抒發自己的感受，等你準備好了，再次出發。尋找能夠支持你所有一切的人。改變，會為你帶來美好的人，你可以從這些人和老友身上得到鼓勵。

當然，挫折會拖慢你進步的速度，至少計畫會暫時受阻；你想到達**那裡**，但卻一直還在**這裡**。但是請務必記住：這些挫折對你的整體進展而言，並非全是真的挫折，並非全是負面的影響。不要失去耐性，不要屈服於任何破壞的力量。只要你有雄心壯志，就一定可以面對挫折和延遲。所幸，沒耐性是可以克服的問題；生命本來就會不斷教你耐心的真諦。對於你無法掌控步調的事情，請和它們和平相處。

雖然按部就班的做事方法不怎麼有趣，也不一定有回報，但不管發生什麼事，請試著做好自己的部分。此外，你不必得到每一件想要的東西，也不必喜歡人生的每個部分！不管你想不想做某件事，或能不能在某個特定時刻感到滿足或喜悅，你都必須堅持到底。人生本來就是苦樂交替，有賞有罰，沒有人可以永遠在雲端。就是這麼回事。

因此，人生最大的喜悅，就是戰勝困境之後所獲得的甜美果實。當你無視挫折、繼續挺進，一路堅持到最後，你會更欣賞自己的能力。你會變得更有自信，更堅強剛毅。最重要的是，你會比以前更加喜歡自己。

堅持走在「正軌」上

「維持」的第一要務，就是在新事物不斷發生的同時，依然循著自己的軌道行走，不受到影響而偏離。除了準備好面對各種棘手的意外，不偏離正軌的意義，還包括了許多層面。在《神曲》的開頭，敘述者訴說著直到中年，他才了解自己在不知不覺中誤入了歧途，他悲嘆著：「也說不出怎麼變成這樣的，就是在睡意迷濛中遠離了正確的方向。」在《綠野仙蹤》（*The Wizard of Oz*）中，桃樂絲和朋友正在前往尋找巫師的旅途上，一路雖有小小的坎坷，但一切尚稱順利。直到後來，他們走上了岔路，在罌粟花田裡迷路且昏倒。醒來之後，他們趕緊走回正路，再往前出發。荷馬的《奧德賽》（*Odyssey*）中，奧德修斯和族人踏入了異境，忘記自己的任務。這些離題的漂流，幾乎都是在不知不覺中發生的，沒有明顯的誘因，只是「一時失神」就脫離了正軌。

這些在文學作品和童話故事中常常出現的曲折進展，也可以用來表達人類存在的處境，映照人性本質的真相，人生旅程的意義，一種隱藏在潛意識裡的東西。我們難免會迷失在罌粟花田裡，但我們必須覺醒，否則一切朝向目標的努力就會前功盡棄，讓我們變得動彈不得。

愛默生在他的手札當中，提到這些讓自己分心的人事物，使他變成一個無所事事、虛擲光陰的人。無謂的好奇心總是隨時隨地跳出來，羈絆著他。三十四歲的他感懷於自己與周遭朋友的老朽，並為自己還找不到支持者，悲歎不已。

維持，就某方面來說，就是堅持自己的任務。這意謂你知道自己的任務是什麼，而且總是念茲在茲。

就算你雄心勃勃，你還是會發現達成某個特定目標所需的時間，遠比你想像的還要長。主要是因為你無法按部就班，完成任務。別擔心，不是只有你這樣。就算是規畫洛杉磯地鐵系統、雪梨歌劇院，或英法海底隧道的專家，也曾經錯估了時間和預算。這種對目標完成過於樂觀的傾向，就是所謂的「計畫謬誤」。

「計畫謬誤」源自於一種一廂情願的想法，忽略了現實考量。一般建議的解決方法就是實際一點，並延長計畫的預估時間。但這個方法有點像是要你為長程目標設立期限，你會在不知不覺中故意延長期限，因為不這麼趕的話，你就可以慢慢行動。因此，更好的解決方式是：留意你運用時間進行一個計畫的方法。當你每天坐下來開始工作前，必須清楚知道自己在某個時段內要做完什麼事，而且一定要完成。開始工作前，請先做好下列的練習：

開始工作的五分鐘前，想像自己把所有需要的材料和資源都備齊，身心都做好準備，然後預想自己開始動工並完成任務的過程。

研究顯示，在工作前進行這個簡單的練習，可以大大加強你的能力，不但可以提升效率，還可以讓你鎖定目標，在預估的時間內順利完成工作。

進度落後主要有兩個原因：延遲開始（拖延），或是因為困惑（進行過程中）而沒有完成任務的某個部分。這個五分鐘練習，對付這兩種形式的拖延都非常有效。

另外，採取下列的步驟：

當你即將開始終極大躍進計畫，在時間表中標示出一個區塊：從你現在的位置延伸到某個特定時間點的新區塊，那個點代表你相信自己會達成目標。不要延伸得太誇張，它必須是個有效的區間。把這個時間表在你之前已經完成的人生時間計畫表下方標示出來，就像放大照片中某個細節的感覺。這樣，當你開始終極計畫時，目前所在的區間就會更加被凸顯出來。

每個與達成夢想相關的特定計畫，都請你設下完成的期限。然而，千萬不要設定達成夢想的時限。在這個放大細節的動作當中，開放那個夢想達成的日子，不要設限。當你開始終極大躍進階段時，這份時間表會幫助你做事更有時間觀念，並維持一種實際的緊迫程度。

基於本能，對於親眼所見的資訊，我們通常能清楚反應。當我們了解某件事，我們會說：「我懂了。」(I see.)因為在當下，眼前所見的就是事實，也就是所謂的「眼見為憑」。你的時間表就是一個非常有力的工具，讓你可以將某些複雜的概念具體化，幫助你了解大多數人都慣性忽略的一件事——時間的流逝。

我們總是覺得，只要在某個時間出現在某個地方，完成某件事，這樣就等於了解時間的概念。

其實不然。時間往往趁人不備大舉掠過，就像有人在半夜潛進你家，重新排列家具的位置一樣。雖然我們看著自己變老，看著小孩長大，但這些改變都是漸漸發生的，幾乎無法察覺到過程。

所以，時間表的最大好處，就是讓你**看見**時間，督促自己做更有效率的規畫。如果凡事能在期限內完成，便能夠培養你的自信，讓自己成為可靠的人。每天都檢視你的時間表，就可以隨時知道目前的進展，知道自己離目標還有多遠。

一個月做一次這樣的練習：設定一個期限，但期限前要完成比平常更多的事情，而且不管如何都要在期限內完成，就算熬夜也無所謂。當然，大學時期你可能就做過這樣的事了，但這一次你是刻意這麼做，要藉由壓縮的、集中的努力，加強自己完成任務的能力。

做出承諾，並且實現諾言，這是成就大事的基礎。說到卻做不到，漸漸的你也會覺得自己是個不可靠的人，不會把自己說的話當真。這會削弱你的實力，讓自己在不知不覺中變成一個無能的人。請用這個練習創造新的「信用紀錄」。

然而，請特別小心工作過量的問題。當你將要跨過那條線、開始自己的終極計畫之際，可能會發覺自己有用力過當的傾向。這是自我挫敗的陷阱，請小心避免。工作過量，可能是為了補救效率不足，但一下子衝過頭，卻往往成為你之後撤退的理由。請調適自己的步調。

生活中一定要有樂趣。很多生活不夠有趣的 SLHPPs，發現自己很難進行任務 1 中「正面練習」的部分；相反的，寫下自己負面性格的練習倒是容易多了。另外，由於即將克服自我設限的障礙，有些人鬥志高昂，覺得這項新工作很有趣，所以有時會熬夜進行，透支體力，導致接下來幾天的練習效果大減。你可以盡情品嘗新生活的滋味，但切記要取得平衡。不要被沖昏頭之後才聲稱任務太難，無法完成，或自己不是達成目標的那塊料。這些都是欲速則不達的失敗原因。

最重要的是，跟隨著一個深思熟慮的計畫——也就是你的夢想藍本行事。你隨時可以改變，只要這個改變是經過仔細考量的，而不是一時興起的念頭。

就算照著這些步驟，我們還是很容易忽略時間的軌跡，必須一次又一次的找尋。普魯斯特在《追憶似水年華》中提到：「理論上大家都知道地球會旋轉，但事實上沒人可以真正察覺。我們腳下的地面看起來並沒有在動，也沒有人深受其擾。生命的流逝也是這麼回事。」

別讓自己故態復萌

還記得我的體能治療師在我背部受傷的時候，要我每個新動作重複練習六千遍嗎？他希望每個動作都能成為我的新習慣，不經思索就能自動表現出來。他希望我能反覆練習，直到一切成為自然的反射動作。

偶爾沒辦法跟上時間表——可能是因為生病，可能因為你用力過猛，導致後繼無力等等——並不代表你失敗了，也不代表你有了放棄努力的理由。如果你經歷士氣低落或信心危機，不要驚慌，那是因為你的新行為還太「新」而已。

故態復萌其實有跡可循。舉例來說，有經驗的家庭治療師培養出一套方法，專門對付舊有行為模式的復發情形。首先，由家庭成員事先選出一個日子，故意表現出舊有的負面模式。如果這個家庭的問題是為了女兒的門禁時間爭論不休，通常會以摔門、大叫、惱怒這些狀況收尾。那麼，刻意重現這些場景。將新、舊習慣詭異的並置，然後故意表現出以前負面的行為，這會在你心中產生明顯的比較，你會覺得過去的行為非常可笑，無形中加強了記憶。建議你快點進行下列的練習：

連續三個月，每個月找一天，故意想出以前最糟的、不求上進的行為，重新表現一次，甚至用有點誇張的方法也無所謂。做個十五分鐘，然後觀察自己的感覺，看看自己以前是如何限制自己的，並觀察自己重蹈覆轍的感覺。然後把這種體驗寫在筆記本上。

既然障礙、偏離正軌，甚至令人畏懼的故態復萌，都是進步過程中的正常現象，那麼，用這種方式面對它們，可以幫助你更加認清它們的本質：曾經習以為常的行為，如果沒有適當的反省，將會在不自覺中快速的復發蔓延。

因此，有計畫的重蹈覆轍將會加強你的自覺，讓你準備好對付可能的故態復萌。

另外一個測試故態復萌的版本，靈感來自於抽菸和喝酒這種高復發習慣的調查。舉例來說，我們會要求一個想要戒酒的人，先在心裡預演和朋友在禮拜天一起看超級足球盃的情況，並想好要怎麼做，才能在那種情況下全身而退，不會破功。根據調查顯示，透過這種事前的排練，人們可以從中找出特定的抗拒誘惑的方法。

每天進行這項練習，持續一個月，之後當你覺得有需要的時候就做。找出以往常用來逃避的路線，並且在心中預想三種真實情況，是你之前用來逃脫、以後也有可能復發的方式。然後在每個狀況中，在心中再度排演，逐漸的用正面積極的行為，替代舊有的逃避行為。

遭遇挫折的時候，你可能會選擇放棄。不要這麼衝動，你可以讓事情簡單一點。重新振作，從失敗中學習，檢討你的準備、計畫和解決方法有什麼缺失和遺漏，趕快調整，重新開始。無論如何，就是不要拖延、不要放大挫折的影響。

太棒了，我進步了！

進步，會帶來一些問題。優點通常伴隨著缺點，強勢通常帶有相對的弱勢。讓你在古典舞蹈領域大放光彩的體能特質，可能就限制了你在相撲摔角的表現；越往高處爬，你就離地面越遙遠。

我愛曼哈頓。「曼哈頓步調很快，整天都鬧哄哄的——隨時隨地都有事發生。」用某種語氣講這句話，代表你被它深深吸引。但是，用另一種語氣，一字不差的重複這個句子，可能就會傳達出曼哈頓令人疲憊的一面。曼哈頓的迷人之處，其實包藏著它的缺點；曼哈頓獨有的特質，也是人們偶爾想要逃離的原因。這個城市提供我們各種方便和驚奇，人們也因而需要付出一些代價。

人生也是這樣。**每個**處境、**每個**抉擇、**每個**意圖，都是優勢伴隨著劣勢而來；就連進步也是要付出代價的。你不妨把進步想成是以全新的、更具展望的方式，代替原本令人厭煩、無趣的模式。新的遊戲一定比舊的還困難，但你就是可以玩得津津有味，一定想得出破關的方法。

三十九歲的薩巴斯汀原本只在一些小劇場演出，現在，他在一部當地出品的電影中扮演一個小角色。他發現參與這部電影演出的過程引發內心許多迷惑。

雖然他對演戲懷抱著熱情，但專職演員的生涯不穩定，似乎不是長久之計，所以老早就被他排除在生涯選擇之外。因此，一直以來，他只把演戲當作副業，沒有當作夢想去追尋。加上他有點不屑好萊塢電影，認為它們缺乏真正的藝術成就。現在，正視自己的工作，他面臨了始料未及的生涯危機。

藉由採取適當的步驟，你盡力發揮、觀察和更新，然後有所進步。完成目標之後，你必須處理成果。雖然這些成果的優點遠大於負面的部分，但還是涵蓋了許多你沒有預見的問題。

有一個很棒的中國寓言故事：有一個人，他的馬全跑了。他的鄰居和僕人為他的不幸驚呼悲嘆，深感遺憾，但他是這麼回應的：「塞翁失馬，焉知非福。」後來，他的僕人告訴他，奇蹟真的發生了，他的馬不但都回來了，還帶回了更多野生的好馬。可是那人卻說：「塞翁得馬，焉知非禍。」之後，他的兒子因為企圖馴服這些野馬，摔斷了一條腿。鄰居和僕人又來悲嘆他的不幸，寄予同情。這時他又說了：「塞翁失馬，焉知非福。」後來，軍隊來到小鎮，徵召年輕人去打仗，但他的兒子因為腳受傷而不用到前線作戰……。

無可避免的，成功會帶來許多複雜的狀況。當你認真進行改變，你會自動經歷許多階段。只要是重大的改變，一定會影響你生活的各個層面。我們的運作系統是錯綜複雜的；當你改變了其中某個系統，其他的也會跟著調整。因此，如果放慢改變的步調，調適的空間就比較大，進步的副作用也就不會那麼惱人和麻煩。

假設你想要讀完所有有關義大利文藝復興時期藝術的著作，這個目標是很個人性質的，不需直接仰賴別人，也不必經歷許多繁雜的步驟。雖然如此，追求目標的過程還是會改變你，即使是緩慢的改變。接觸了這些偉大藝術的美麗洗禮，你的內在不可能沒有改變。而且，實現夢想的過程可能伴隨著一些「有趣的不便」，帶給你另一種成長。例如，為了看懂這些藝術作品的說明，你可能決定要學義大利文，或是決定到義大利旅行，親眼觀摩這些藝術作品。

尋找這些書籍的過程中，你可能常常要與圖書館員、書商，以及研究藝術史或文藝復興時期的專家接觸。和這些人熟悉的過程、所有的對話，以及和書商溝通的往返，都會在你身上留下痕跡。你的努力將會被越來越多人知道，不知不覺中會讓你在該領域中小有名氣。當你獲得完整的文藝復興時期藝術的知識，人們會開始徵求你的意見。這種改變將會讓你的人生因此改觀。

越大的成就，帶來的要求會越大。成功會帶來更多的期望、責任，以及別人對你的審視。這就是成功的代價。

每晚，當我把剛出生的小女兒抱上床，最後一定要做一件事，就是拉一下搖籃上方音樂盒的拉繩，讓布拉姆斯的〈搖籃曲〉溫柔的流溢出來。那時候她才剛出生，小巧的雙手再怎麼伸直，也不可能抓得到拉繩。時間慢慢過去，她開始試著往拉繩的方向揮動雙手，慢慢調整動作，進步神速。

當她第一次拉到拉繩，成功解放了受困在音樂盒裡的旋律，她快樂的扭動全身，沉迷於自己的成就，一次又一次的拉動拉繩。當然，隔天晚上，以及之後的每個晚上，都是她自己拉下拉繩的。

如果當時我直接把音樂盒交到她手裡，對她會有這麼大的意義嗎？答案很確定——當然不會。

她的喜悅來自於親手完成這件事，透過不斷的努力和堅持，持續進步，直到最後完成這個自己定下的目標。唯有這樣，她才能感到成功的喜悅。藉由伸手拉拉繩的過程，她了解到：只要努力，就會成功。

不把球丟出去，你當然可以拍胸保證不會漏掉任何一球，但是，為什麼不成為那個在比數極為接近時，站出來說「把球給我」的人呢？經歷害怕，代表你正拋開以前舒適和熟悉的環境。你正提高標準，往更高的階層邁進。面臨考驗的時候，每個人都會感到恐懼，但唯有膽大心細，接受冒險，你才能成功。想要過著快意的人生，你不能只挑簡單的事做。接受越來越多的要求，把它當作進步的代價。

幾年後，我的女兒長大了，有一天我從市場抱著一箱柳橙回家，她看著我使用果汁機榨汁，於是要求試試看，很快她就學會榨果汁的步驟了。她很興奮自己又學會了一個新技巧，接下來三天早上，她都帶著熱情，自願幫大家榨柳丁汁。

原本她開開心心的享受整個過程，直到第四個早上，我問她願不願意讓這件事成為她的例行任務。我真是自找死路，家務是強迫性的、討人厭的，她馬上就失去了興趣。只有在自願的狀態下，她才真正享受榨柳丁汁的過程；當義務或要求介入，事情就改變了。在現階段，責任對她來說是一種負擔，是她寧願避免的東西。

知識和技巧會帶來更多的責任，人們對你的期待將會轉變，你自己一定要適應。隨著新知識或技巧而增加的要求，一開始你會害怕或反抗，這是過渡時期的正常反應。但是，現在你更有能力了，也會變得更有彈性和耐力，可以忍受甚至迎接新的要求和期待，就像你生命中每個成長的階段。

職業網球選手琳賽・戴文波特（Lindsay Davenport）以持續的努力，一步一步躋身世界最優秀的選手之一。她說，從職業賽事到贏得世界冠軍的殊榮，在每個階段她都告訴自己，要發揮那個等級的實力。

四十五歲的佛瑞德是個業務主管。他認為自己很清楚，要克服什麼問題，才能完成一場成功的公開演講。雖然最近他又剛完成一場讓大家起立鼓掌的精采演說，他還是覺得，真正成功的演說並不如他想像的那麼簡單。因此，明知道演講可以帶來很多好處，他還是繼續聲稱這不是他擅長的領域。

佛瑞德的問題不在於完成別人的期望，而在於達成自己的要求。在他心目中，一個有能耐的演說家應該是異常冷靜，擁有過人的自信，足以消弭任何焦慮。雖然他可以察覺到自己的進步，但佛瑞德的感覺和他自己的期待仍有一段距離，所以他需要較長時間才能接受自己的進步。

要擁抱成功，他必須先克服不切實際的期待。這些想像和期待其實都是自我保護的手段，只是用來降低壓力而已。只要認為自己還沒達成目標，就不會有那麼多壓力，也不一定要有好表現。

別被「意外的成功」嚇到

意外的成功，就像失敗一樣讓人不安，特別是當它來得很快的時候。很多中彩券的人，到最後都很想擺脫這筆意外之財，因為大家對他有太多的期待。從運動員到上班族，無論是哪個領域，突然的變動都會讓人們措手不及。

解決方法是：不要退縮不前，也不要過度操作。如果改變讓你感覺到威脅，那麼你可能是作繭自縛，讓自己承受了過大的壓力，錯失朝新方向探索的可能。一旦抱著逃避的心態，任何的變動對你來說，當然都是困難的。

史黛西從沒想到拍攝一部舞蹈紀錄片是這麼愉快的體驗，卻也摻雜著恐懼的感覺。突然間，大家都把她當成藝術家看待，許多慕名前來的電影系學生尋求她的建議和幫助。她必須重新安排時間，回應這些意外的需求。當人們在談話間以導演稱呼她時，她感到很不自在。她喜歡這個稱呼，但還沒將它內化成為自我的評價。

當你在一個新的領域裡獲得成功，你必須將這個新的成就，整合成為自我評價的一部分。天賦異稟是一回事，實現夢想則是另一回事。人們的期望和回應都深深震撼著史黛西，對她而言，這是全新的體驗。

當耶穌在加利利海邊行走，正在海上撒網的門徒彼得看見了祂，並聽見耶穌的呼喚，趕緊跳下船來迎接祂。彼得走了幾步之後，覺得怪怪的，往下一看，驚訝自己怎麼走在水面上，然後，他就像石頭一樣開始下沉了。當彼得跨出船的那一剎那，也等於跨出他所認知的現實。一旦他了解到，自己正在做的根本是不可能發生的事，於是，他下沉了。

彼得遭遇了無法化解的矛盾，他正在做的事，和現實本身根本是不相容的。他完全沒有心理準備，不可能理解正在發生的事，也不可能延伸自己對現實的認知，來接受這樣的經驗。所以，最後以下沉結束了這樣的矛盾。

驚喜往往會導致你排斥的心態，或讓你有股衝動，想回到以往熟悉、安全的狀態。當你遇到意外狀況，你的第一個反應通常是退縮，以求自保。如果你的目標涉及一些可能會引起外界注意的活動，或是成功可能會突然降臨，建議你事先做好應付這些麻煩的計畫，減少自己受到的衝擊。如此一來，當改變突然發生，你就可以從容以對，不會感到不舒服。否則，你會抗拒成功，想辦法破壞自己成就的事。

三十一歲的席薇亞從沒唸過大學，老是懷疑自己不夠聰明。當她進入一家租車公司工作時，剛開始有點手足無措，很快的，她從處理租賃的雜務，成為控管該區業務的主管。但她認為自己的成功是偶然的、不應得的，根本不符合她之前的經歷。

因此，在公司會議和社交場合當中，她總是感到害羞和不安，因為她害怕自己會洩底，被人發現自己沒受過高等教育而出醜。所以，她開始迴避這些場合，人們也漸漸忽略她。不管別人是否注意她，她都認為是自己的問題。如果沒人注意她，那是因為她沒有價值；如果有人注意她，可能是因為她做了什麼不得體的行為。最糟的是，當別人對她好，她會覺得他們是在同情她。

席薇亞對自己的描繪和認知，並未跟上她全新的進展。她開始做些自暴自棄的事，減少和管理階層的互動，報告也沒準時交，不但阻礙了升職的速度，也破壞了之前的進步。

當改變來得太快，你會感到震驚，根本沒時間恢復，下一個衝擊又來了。這種效應就像突然挨上一拳，沒有準備好面對這種猛攻的人，很容易就會抓狂。

快速的改變會帶來許多負面後果，大部分是因為當事者沒有足夠的時間反應，必須馬上做出選擇。快速的改變對你而言也是種挑戰，因為在情況更難維持的時候，你卻必須控制得宜。因此，你不能等事情發生時才做反應，還期望自己可以清楚思考，因為到時候你根本沒有足夠的時間。事前盡可能做好準備，你就能比彼得適應得好一點。

首先，如果別人對你的要求突然增加，請記住，這是**你的**人生。自己決定要用什麼步調來面對它們，不要反被成功擊垮了。不要讓別人對成功的定義擾亂你的人生。

其次，把外界對你的夢想或計畫的看法視為次要；把達成目標後內心的充實當作最珍貴的東西。我還是要不厭其煩再說一次：大眾的意見是多變的。一下子被輿論拱上天，下一秒可能就被噓下台。如果你把外界的意見當作評量自己成功的指標，這可能就是你失敗的關鍵。

你可以藉由下列練習，加強對突發改變的應變能力。這也是另一種預想的運用，只是這一次，我們的焦點在於事先找出解決方法，然後不斷預習。

> 仔細思量「塞翁失馬」的寓言故事，觀察成功的兩面。預想如果自己突然成功可能會有的各種結果。在心中排演，成功或轉變會如何發生，你又會怎麼調適，滿足它對你的要求。想像自己實踐這些步驟：包括了放慢步調，以及尋求協助者或其他人的建議。將上述的預想及採取的步驟記在筆記本上。書寫的過程是另一種型式的排演，同時也記錄了自己的解決方式。

不要光想著「美化」你的人生

不論相不相信自己的才能和技巧，都要向前邁進的決心。從小小的練習活動開始，咬牙撐過那段看似蹣跚、毫無進展的時期。最後，你的習慣和技巧都轉變了，此時你就可以加速計畫的速度。

關鍵在於：不要把焦點集中在美化你的人生，或冠冕堂皇的改變計畫，而是從日常生活的瑣事開始，慢慢改變自己的習慣——就像麥克斯開始調鬧鐘一樣，小小的動作，卻有意想不到的效果。這個小小的轉變增強了麥克斯內在的力量，藉由操練自我意志的過程，他打破了自我設限的積習，提升了足以達成外在目標的自信，使他打開心胸，迎接改變。

追求外在目標，相對的會帶動內在的改變，就像史黛西的照明設計事業一樣。當她準備教會的表演時，充分運用了她累積的知識和技能，無形中增加了自信，即使面對挫折時，也能相信自己的能力，繼續努力。

將這種一心一意的努力，應用在所有事情上——一個巧克力派、一道數學難題、木雕、有機園藝、做生意或是打籃球，都需要你付出專注和堅強的意志。如此一來，你的能力也會大為增強，就像藉由運動鍛鍊身材一樣。

不論你下一個計畫是什麼，同樣的，你要訂定企畫書，並涵蓋一連串的任務和行動步驟。為了建構你的企畫書，我建議你將下列任務納入你特定的計畫當中，並預想還有什麼其他你必須做的任務，最後再把每個任務細分成可執行的行動步驟。審慎遵循這個模式走下去，你的夢想一定會成真，一切只是時間問題。

1. 維持積極度的練習。繼續每天花一小時進行之前提到的練習。就算有事必須中斷，也請務必遵守「五分鐘定律」。

2. 培養決心。善用預想練習強化你的決心。千萬不要省略這個任務。

3. 訂立時間表。時間表可以讓你親眼看見自己的進步，並清楚呈現出這個特定計畫如何融入你的日常生活當中。

4. 進行自我評量。不能讓任何自我設限的心態影響了你的努力，評量目前的能力以及自我設限的模式，找出自己可能會有哪些逃避的心態和方法，並且訂立相關計畫來對付它們。將目前的自我評價與之前的相比較，你會發現，以前自己不怎麼關心的事，現在變得非常重要。

5. 去除自我挫敗的行為，找出補強自己弱點的方法和後盾。革除舊有的自我設限習慣，不要再逃避。建立充足的備用方案，不斷增進自己的技巧。

6. 整合資源。用有系統的方式，整合你身邊的素材、工具和其他資源，並建立長遠的人脈，尋找可以提供技術協助的人。如果你需要某人當你的協助者，請根據你的經驗來做選擇。

7. 彌補不足。為了完成計畫，請設定各種課程和進階訓練。

8. 提升你的體能狀態，控制你的時間。根據你的任務，將工作的地方布置成合適的氛圍和調性。嚴格控管你的時間。針對重要的活動，訂立相關的時程表，並嚴格遵守相關的約定。有系統的貢獻所需的時間在你的活動上。
9. 設定切合實際的長程和短程目標。
10. 開始你的終極大躍進計畫。

在你完成目標的過程中，你可能會想試試下列更強效的工具。它們是針對增強實力而設計的魔鬼訓練，可以強迫你脫離自我設限的模式。但是因為它們太強效了，執行時請務必慎思並留心節制。

極端目標

極端目標就像是一顆帶有殺傷力的球，可以打破你內心殘存的自我設限觀念，重整你的內在結構。設定極端目標，等於將你的終極大躍進計畫放到一個「不可能」的時間架構中。為了在這麼極端的時間限制內完成你的極端目標，你必須摒除沒有效率的模式，去除過去所有自我設限的想法。如果你無法完成某個特定步驟，或老是卡在某個特定活動，請再縮短時間，逼自己在一個更不可能的時間內完成。

即使她已經完成十五項任務，也開始有重大的成就，二十八歲的瑪芮蒂絲發現自己身上還是殘留著一些限制，這是她之前沒有察覺到的。舉例來說，她做某些事情就是特別沒效率，因為她覺得這些事很困難，她沒有辦法很快做好。她就是開車時不斷踩煞車的那種人。

她特別注意到自己花太多時間在處理電子郵件上，但卻覺得不可能更有效率了。後來她接受建議，用看似不可能的時限來處理郵件。六天內她就跟上了新進度，並且多出了一半的時間。

雖然人們可以使用極端目標和不可能的時限改掉過去的積習，但這項工具並不適用於日常生活。請依照特殊需求執行，並節制使用。

終於開始著手寫小說的立弗頓，知道自己的進步仍將會受到阻礙，因為他深信，這個長久以來拖延的目標一定很難完成，過程一定會充滿艱辛和曲折，不然他之前也不會拖了這麼久。於是，立弗頓用最激烈的方法做實驗，設定不可能的時限，達成他的極端目標。他必須在非常短的時間內完成某些章節的草稿。於是，他開始趕夜工，有一次還連續工作三十三小時。他發現偶爾使用這種極端的時間限制，可以打破過去某些障礙。他也從中學習到，過去有很多問題根本都是他自己想像出來的，因此阻礙了成功。

這是立弗頓自己做的決定。我無法建議你使用相同極端的方法。甚至你可能要請教你的醫師，看看自己有沒有能耐配合這個魔鬼計畫。但不論如何，如果你隔天必須開車，前一天晚上千萬不要熬夜。你還必須了解，這個方法只能用在少數時候，不能當作持續的方式。

雖然你不必像立弗頓這樣嘗試極端的動作，但是我建議你用一個稍微寬一點的期限來完成定量的目標，以此來做實驗。如果你要完成一份報告或更新程式，那麼，在這段密集工作的期間，以往認定自身能力受限的想法一定會大為轉變。最後你會變得更有效率，也會獲得滿滿的自信。

利用延遲的力量

如果你曾經一度耽擱，但最後還是設法完成了某個有品質的計畫，那麼，在完成的那一剎那，你可能會有種發自內心的成就感。然而，這種意識狀態反而成為SLHPPs拖延的藉口，他們以此為由，想要體驗那種非常時期下產生的效率。

因此，拖延成了一種陷阱。如果你沒有用一種適切的時間概念開始你的計畫，而是把事情拖到最後一秒，因為沒時間了，你才拚命把事情做完，也許快完成的時候，你會鬆了一大口氣，但這之前，你卻是非常焦慮的。

與其拖延，不如每次坐下來工作前，以極端目標的衝刺心態，帶動你的思維和效率。

如果一個計畫的期限還沒到，請設定一個提前的、不容妥協的、極端的期限。本來一個禮拜內要完成的事，把期限變成明天中午。然後，密集的工作和休息交替，直到你完成目標。強迫自己不只在期限內完成計畫，更要盡可能做到最好的品質。接著停止並倒退回計畫原來的狀態。二十四小時之後，回頭修正、改進你的作品，這次同樣的，再次設定一個緊迫的期限。重複一次上述的步驟。不要說出「沒用的啦，因為我心裡知道，這不是真正的期限」之類的話，來排斥這個方法。你會驚訝自己第一次的表現。如果不行，請改進方法。

運用這種方法，你需要在開始工作前，回想以前密集工作、全神貫注、為了趕上期限的經驗，仔細回想所有細節，注意你當時體能的狀態和心理的感覺，重現當時的體驗。然後，維持當時的狀態和時間的緊迫度，把那時候的感覺找回來，開始著手眼前的工作。

二十九歲的傑瑞米是典型的「寧缺勿濫者」。他發現用這種方法，可以同時增加與客戶接觸以及準備相關文件兩方面的效率。用緊湊的步調工作時，工作的沉悶完全都不見了。以前老是拖到最後一刻才要做的事，現在他規定自己隨時跟進，每天完成所有的業務接觸，並給自己五分鐘的時限完成。他的工作效率和書寫功力因此大有進展。

將計畫的時限提前，然後盡力完成，以此做實驗。當你的期限提前，一種背水一戰的衝勁和效率全被激發出來了，而你又不是真的處在那種窘迫的狀態，所以不必太擔心得失。話雖如此，這樣的效率和思維所帶來的成功卻是真實的。除了改變你和你的生活之外，這樣的成功還會改變你的方向。

前面提到的弗列茲，需要買一艘船才能出海，他需要一筆收入來支付航行的費用。於是，他開放乘客一起上船當船員，且要預付他航行的費用。現在，弗列茲的任務是選擇船員夥伴，並且指導他們。他必須學著當船長，承擔一切後果。

當他到達土耳其，迷戀上這個地方的一切，一待就是好幾個月。他對土耳其地毯相當著迷，所以接下來的幾年他努力學習，成為紡織代理商，來回往返美國和土耳其運載貨物，並且繼續增長見聞，學習新的技能。嘗試不同改變的同時，他只堅持一件事：衡量自己的能力，決定接下來要做什麼，然後完善的規畫。

完成目標之後，你會產生追尋新目標的欲望。只是，你要走多遠，有沒有限制呢？

慎防「沒有智慧的野心」

來自各地的遠征隊，定期攀登聖母峰。這可不是一般的爬山，它需要充分的準備和訓練，以及專家一路上的支持和指導。無論你準備得多麼充分，攻頂的那一刻，你還是會遭遇嚴重的挑戰。你的身體畢竟只能適應平地的氣候，在海拔非常高的聖母峰，人們飽受高山症衝擊，可能會引發嚴重的後遺症。

高山症的主要症狀包括了頭痛、視線模糊，有時會流鼻血。起因是突然從氣壓和氧氣充足的平地，移動到空氣稀薄的高地。這些症狀通常會在一天內慢慢解除，因為我們的身體已經適應了新的環境。但像聖母峰這種高海拔的山脈，人們的適應程度不一，有的人就完全無法適應。

不論你改變的速度有多快，改變越多，你和群眾的距離也就越大。不論速度，現在的你已經到達一種高處不勝寒的狀態，害怕孤單的心態可能會油然而生。請留意在進步過程中所產生的新恐懼和自我設限的心態。有些恐懼是不會外顯的，潛藏的浮木正等著破壞你駕駛的船身。有時候揮之不去的恐懼會阻礙你向前，或是以追尋之名猶豫不前。請拋開這種恐懼。

幾乎每一種主要的文明傳統都有先例警告我們，太過自滿驕傲、太過專橫武斷、沒有智慧的野心勃勃，都是導致失敗的主因。想要爬得太高，到太遠的地方冒險，把自己當作神，或不遵守神的訓諭，通常都會自食惡果。

希臘神話中，伊卡洛斯（Icarus）的故事告訴我們野心的危險。他戴著以羽毛和蠟做成的翅膀飛翔，卻因為太靠近太陽飛行，翅膀的蠟融化了，他也因此墜海而死。另外，伊底帕斯（Oedipus）的故事警告我們傲慢的危險。伊底帕斯一心想要逃離預言，卻在過程中實現了弒父娶母的悲劇。在這些故事中，所有的後果都起因於行動的魯莽。

基督教傳統中，上帝直接懲罰想要成為主的人。路西法（Lucifer）原本是崇高的天使，卻因為想超越上帝而墮落；亞當和夏娃禁不住誘惑而偷嘗禁果，因此被逐出天堂。以上許多故事告訴我們，如果不加思索，人類很容易自大，以為自己的力量無限。

我們該從上述的故事當中獲得什麼樣的啟示呢？人們是否對未知的事物抱持著太多恐懼呢？人類很多的恐懼最後證明都是迷信。二十世紀時，人們不相信自己能以每小時超過六十英里的速度移動，後來，人們不相信可以超音速移動；「四分鐘一英里」的關卡也曾被認為是跑步比賽中不可能的任務。因此，上述的寓言故事也許只是表達我們對未知的恐懼，並不代表不可能。

然而，希臘神話故事告訴我們，人類的驕傲和放肆往往造成毀滅性的後果。人們不應該飛得太高，或想逃離自己的命運，因為他缺乏必要的智慧，無法掌控這種力量。

從《舊約》故事中，我們可以看出耶和華因為人類潛力的無限可能，而感受到威脅。只要你對歷史和現今的事件有所了解，就不會否認：人類的能力是如何被誤導，而帶來危機。

從這些警告當中，我們可以得到什麼結論呢？當我們提到限制，沒錯，我們當然注定會死亡，對於這項特定的限制，我們似乎沒有改變的餘地，但是活得更長壽又如何呢？

身為一個生命有限的個體，難道我們不能增加反省能力和健全的判斷力，減少因為自我中心、偏見或因襲傳統而造成的冒險和損失嗎？至少，我們必須知道，周遭環境中的所有事物都是依循秩序進行的，牽一髮而動全身，我們的行動，可能會對他人造成影響。社會就像一個大型機器，依循系統運作著，改變了一部分，其他地方也會跟著變動。我們必須在人際關係中培養互惠的默契。面對變動，我們應該心存謙卑，從人生當中得到更多深奧的了解。

如果我們追求的不是權力，而是內在的收穫，例如智慧的增長和個人的發展，那麼我們的努力會比較持久，不會太自我中心，造成潛在的危機。雖然我們必須留意前人的警示，但是別將一些無謂的限制加諸自己身上。

失敗，是成長的原動力。無懼失敗的態度不只可以讓你成長，也能防止你再次墮入積習。你將不會被挫折擊垮，也不會將它錯誤解讀為失敗的證明。當你的智慧增長，努力的方向也自然會有所轉變。

｜第 9 章｜

生命，就是一所學校

一開始，完成夢想似乎是一件毫不可能的事；然而，當我們全心全意、聚精會神，它就變成無可避免的事。

——克里斯多夫．李維 Christopher Reeve

終於，你能夠正視自己的才能、移除限制、改掉自我挫敗的習慣。享受這種感覺吧。你正在夢想的路上，再也沒有比這更美好的事情了。

接下來呢？

夢想是起點，還是終點，這由你決定。如果你決定從那裡出發，無論是維持夢想的熱情或是探索新方向，你永遠都有充足的事情可做。你會活得更精采、更精緻，因為你的生活有了主要目標。

將你的生活提升到另一個境界，就是本章要討論的主題：改變你的觀點和意念，將生活視為一所學校，而你的任務就是以追求夢想時的那種專注和實力，從事日常的活動。以下我將藉由不同的例子描述這種轉變，顯示為什麼這種新觀點會自動提升你生活的層次，並改變你和它們的關係。另外也要帶你檢視飛越之前夢想的可能範圍。

活出自己的風格

想要完全獨立生活，在一生當中，你必須完成兩項任務：了解這個世界，並學習必要的技能。為了完成這些任務，上帝賦予你與生俱來的獨特氣質和天分，以及複雜的大腦結構。然而，在不斷進化當中，人的腦容量遠遠超過了生存需要，就像郵差開法拉利跑車送信一樣，大腦的功能遠大於任務所需。所以，要如何運用這多出來的馬力？只要依循教導、適當學習，我們就能變成菁英分子嗎？我們身上有多少所羅門、佛陀或愛因斯坦的基因呢？

生命，就像一所學校，你註冊了，各式各樣的課程在等著你。人生中有放諸四海皆準的必經階段，出生、年老、死亡、人際關係，以及抉擇的十字路口，當然也有屬於你自己的人生故事，因某特定事件引起的迷惘和轉捩點。你的回應方式決定了事情的結果，以及接下來需要的課程。如果你主動開發各種可能，並且從中學習，那麼，這所學校將是你獲得自由的管道。如果你逃避機會，上學就會跟坐牢一樣，你只能在後院打發時間。

馬丁・史柯西斯（Martin Scorsese）的電影《蠻牛》（*Raging Bull*）中，勞勃・狄尼諾飾演職業拳擊手傑克・拉莫塔，他的冷酷無情和堅忍毅力，為他贏得輝煌的勝利，但是面對生活，他冷酷依舊，因而自毀人生。心理學家馬斯洛（Abraham Maslow）曾經一語道出認知不足的問題：「如果你只有一枝鐵槌，那麼凡事看在你眼裡，都像是釘子。」作家麗塔・梅・布朗（Rita Mae Brown）曾說：「所謂的瘋狂，就是不斷重複做同一件事，然後期待不同的結果。」拉莫塔狠狠擊敗了對手，成為世界中量級冠軍，但他也用同樣的力道打跑了身邊關心他的人，直到他失去所有。最後，他打遍天下無敵手，卻落得孤單一人。

生命這所學校帶來艱難的挑戰、富足的喜樂、極度的痛苦。面對種種課題，你的態度決定你學到了什麼，以及你收穫的程度。電影《緣來就是你》（*Next Stop Wonderland*）當中，女主角的人生因為她深愛的父親驟逝而出現重大的轉折，她要獨自面對母親膚淺的價值觀，掙扎著想找到自己的立足點，她放棄了學醫當護士的計畫，卻處於後悔和不安當中。雖然如此，最後電影還是傳達了她獲得救贖的希望。

想要充分掌握人生，就要敞開心胸，接受所有的課程。如果你能接受「生命就是一所學校」這個概念，並且盡全力學習，把成長當作目標，那麼你的人生將會因此改觀。

要真正活過，你必須活出自己的風格。然而，典型自我挫敗的謬誤就是以此為由，漠視傳統中看似死板的選擇，卻忽略了一點：要練就扎實的基礎，需要繁複的步驟。基礎沒有打好，不久你就會陷入捉襟見肘的窘境。舞蹈改革家瑪莎・葛蘭姆（Martha Graham）說，一個人真正開始跳舞之前，要先花上十年的時間學習基本功。真正的創意其實需要技巧、紀律和訓練，天賦才能也是如此。唯有不斷的訓練，才能達到最佳狀態。

專注每分每秒的每件事

這裡我建議的轉變並不需要額外的練習，或設定新的外在目標。它涉及的是轉換注意的焦點，藉此改變你處理日常生活事務的方法。這裡說的不是鎖定在未來完成夢想，而是專注於你每天每分每秒所做的**每件事**。把每個日常活動，都視為神聖的工作或夢想的精髓。

當你用這種態度從事日常生活的每項活動，過程中你也會有奇妙的轉變。持續這樣的關注將會大大加速你的成長，同時又能維持目前活動的時程規畫。

我之前說過，沒有一種處方適用於所有症狀，沒有一種規則可以支配你面對人生的態度，或是表達自己的方法。我看過很多SLHPPs解除了對自身的設限，也開始用相同的積極態度和專注，從事之前不屑的世俗瑣事。如果他們以前習慣站著倉卒用餐，現在他們會在餐廳坐下，拿出銀色餐具，花一點時間品嘗人生滋味。他們用同樣的專注創造出一些美妙的場合，讓人生變成歡樂的慶典。雖然面對生活瑣事的態度不盡相同，但相同的是，他們都致力將生活中所有細節轉變成為個人理想的模樣。

這樣的動作並非源自不滿的心態，或覺得自己擁有的不夠多。相反的，這是出於一種想要延伸樂趣的想望。他們好像發現了一個公式：如果為夢想奮鬥可以這麼快樂，那麼，何不隨時隨地表達內心的想望，再帶著同樣的心情去追尋呢？

尊重時間，就是提升生活品質

要提升生活品質，首先要從生命最大的前提著手，那就是時間。能夠掌握時間，就能夠掌握人生。要提升時間的品質，你會怎麼做呢？

人們對時間的抱怨，最常見的就是時間不夠。然而，這種論調通常是因為你無法掌握或開發自己的時間罷了。每個人擁有的時間都是一樣的，只是你運用的方式，造成了時間長短的差別意識。時間可以延宕或飛逝，老是說自己沒有時間的人，通常都沒有時間觀念，不懂得尊重時間，甚至不想去正視它的存在。

如果你改變想法，開始珍惜時間的寶貴，承認它是有限的，而不是無窮的，那麼你就必須尊重它，把它當成最大的寶藏，如此一來，你的方針就會有所轉變。時間是無可取代的無價寶，你運用時間的方式，決定你存在的價值。

問問自己，現在我最想要做什麼？最值得做的一件事是什麼？這是我想運用時間的方法嗎？還是有其他選擇？我應該要怎麼使用這一天、這一小時、當下這一刻？要怎麼從時間中獲得最大的好處？將生命做最充分的利用，從中獲得最大的樂趣和不凡的意義，其實是一門學問呢。

你必須用科學的方法計畫時間。這包括你必須善於規畫休閒時間，讓自己從壓力中解放出來，單純享受活動和休息的愉悅。提升時間品質、善用每分每秒，你對生命的觀點就能從以往幼稚的概念變得更加成熟。

很多退休的人發現，自己沒有特定的興趣、才能和潛力，因此，面對突然而來的充裕時間，不知該如何運用，危機感因此而生。這種銀髮危機是可以避免的，年輕時就要善用休閒時間從事有意義的活動。從現在開始，用超高標準規畫自己運用時間的方式。

檢視「休閒娛樂」這個常用語。你真的希望這些活動只是「純休閒」嗎？或者你想要盡情享受你所擁有的時間，並且從中得到最大的收穫？再檢視一下「消磨時間」這個常用語。如果時間就是你的人生，那麼消磨時間不就是一點一滴消蝕你的人生？仔細思考娛樂的意義，難道你不能找些充實的活動，例如電影、音樂或戲劇等等這類可以讓你思考人生的育樂嗎？或是，你一定要藉由娛樂工廠重新生產的速食流行，才能轉移情緒？

問問自己吧。

如果你有一間倉庫，裡面儲藏了許多饒富興味的興趣，你可從中獲得無窮的啟示，並能定期從事這些有意義的活動，那麼，你就是運用時間的大師。因為你懂得利用休閒時光，獲得完全的放鬆、深沉的樂趣，無形當中又能促進個人的成長。

你是不是個「出賣時間」的人？

時間也關乎生命的另一個前提——死亡。這大概是人們否定時間之外，最抗拒的一件事了。人們對時間和死亡兩者的否定心態，是一樣強烈的。如果你對它們一無所知，就會陷入一種危險的天真，活在一個沒有反省、評量和抉擇的人生當中。如果你虛擲光陰，隨便就答應所有的社交邀約，不善加珍惜和規畫，那麼，你就是出賣時間的人。如果你老是從事兩三種特定的活動，不去探索更多可能，你對時間的態度便只能用「隨波逐流」四個字來形容。

相反的，如果你洞悉時間有限的本質，自然而然就會尊重它。做時間的主人——知道自己要往哪裡去，知道到達目的地之後，接下來要做什麼，否則，你會很容易分心，被電話另一頭的那個人牽著鼻子走。想要活出真正的人生，首先你要正視自己的死亡——也就是「時間有限」這個本質。

一天結束之前，如果你做了幾件很棒的事，一種真正的滿足和成就感會油然而生。如果你重視時間，就會善加規畫，隨時準備好做最佳利用。有些人生活得快樂富足，因為他們會衡量自己的時間，從事各種讓自己開心的活動，包括了學習、玩耍，以及從事各種挑戰。他們不會閒閒度日，隨波逐流；相反的，他們從事積極的例行活動，建立扎實的規律，並除去負面的積習。

要達成目標，你必須隨時意識到時間的存在。我認識一些人，白天正常上班，但晚上七點就上床睡覺，然後在半夜三點起床，如此一來，他就擁有安靜而不受干擾的時間。我還認識許多藝術家和作家，白天睡覺，然後從半夜十二點工作到早上六點。這些方法非常適合他們。所謂的善用時間，就是將它調整成適合自己的狀態——不只適用於特定計畫或大規模的目標，也適用於你的人生。

至於處理日常生活中無法避免的瑣事，也是同樣的觀念。換垃圾袋的最快方法到底是什麼？不論你是在縫鈕扣、擦銀器、清理爐灶，或做任何事，如果想要提升時間的品質，都得全神貫注。這個原則之前就提過了。每個當下、每個動作，都要專心一致。慢慢來，不要分心，做起事來會更有效率。用這種方式，任何無聊的例行事務也會變得有趣。

讓自己充分休息與睡覺

最後一個關注時間的重點：你需要休息和睡眠。你的生理時鐘是規律運作的，有些人對干擾和變動特別敏感。如果你有睡眠困擾，觀察你的生活作息，慢慢調適，直到你養成規律的習慣。如果你每晚睡覺、早上起床的時間都很固定，你的睡眠品質也會比較好。反之，睡覺的時間完全不固定，你就是逆著生理時鐘作息，明明沒坐飛機，卻一天到晚都在調時差。如果你珍惜時間，就會隨時保持在最佳狀態，才能充分享受每一分、每一秒。

如果你沒有辦法這樣關注時間，因為你的心太浮動，別擔心，我們可以藉由一些方法培養時間規律。專注是秩序的基礎，唯有專注才能掌握自己的人生，不被一些不明就裡的傳統和習慣推著走。還好，生命這所學校會教你這門學問。

在西方，我們對注意力的掌控課題不太熟悉，大家可能只知道「注意力不足症」（Attention Deficit Disorder，簡稱ＡＤＤ）。但在東方世界，注意力不集中只是某種運作不全，它可以培養，不需要醫學治療。注意力和個人責任感息息相關，和健康也有密不可分的關係。因此，日本傳統的茶道和武術精神，就以掌控注意力為主要課題。舉凡功夫、太極拳、合氣道、跆拳道、氣功、各種冥想練習，甚至瑜珈，都是鍛鍊專注的管道。

如果你擔心自己沒有上述方法所需具備的哲學基礎，千萬不要放棄「改善注意力」這個目標。這些方法只是幫助你培養集中注意力的手段，你還可以透過其他方法來鍛鍊注意力，那就是淨空思緒。方法非常簡單，剛開始做起來卻不容易：安靜坐著或躺下，然後放空所有的思緒，讓你的頭腦一片空白。如果你又開始思考，提醒自己，然後再次放掉思緒。藉由這個方法，你可以有效掌控注意力，並且學會主導你的心志。雖然很困難，只要耐心練習一段時間，就會慢慢感覺到它的效用。

另外一種集中注意力的練習，就是閉上眼睛，感覺身體的某個部位，例如你的左腳或右手肘。接著，當你睜開眼睛、繼續其他活動之後，維持對那個部位的專注。

密集練習以上兩種動作之後，你一定會發現一個驚人的事實：沒經過訓練和開發，人們的注意力是非常鬆散的。但我向你保證，只要不斷重複這些練習，就能看見明顯的進步。

學習，能帶來不凡的能力

另一個培養專注的好方法就是學習。如果運用得當，將會有意想不到的效果。將學習當作畢生志業的人，都擁有不凡的能力。在一道數學題上絞盡腦汁、深入鑽研一部科幻小說，或背誦一首詩，都需要你非常集中注意力，懂得掌握努力的方向。二十世紀的法國哲學家西蒙娜．韋伊（Simone Weil）說過，學習的態度和持續的進步，是自我成長最有力的工具，因為它們需要你專心一致，而這種專注可以增加你的能力。關於學習，她特別強調：「真正對專注的努力是不會被浪費的，即使表面上看不出任何結果，也會有直接或間接的影響。」

以閱讀馬丁．杜．加爾（Roger Martin Du Gard）《馬莫特上校》（*Lieutenant-Colonel de Maumort*）最新的譯本為例。你可以在旁邊放一本筆記本，隨時記下自己的想法和疑問，或用便利貼在想重讀的頁數上做記號。做這種筆記可以強迫你停頓和思考，從中獲得閱讀的樂趣。回到某些頁數重讀，問自己一些問題，將故事和自身體驗結合在一起，你會感到更加有趣。任何傑出的畫作、音樂或文學作品，都傳達出深沉的真理和思想的複雜度，值得在閱讀時不斷進行反思和專注。研究、討論或寫下你對一部作品的想法，將會在你的腦海中留下深刻的印象，同時延伸你的認知，滿足你了解的欲望。

如果你竭盡心力，讓每分每秒都過得充實，就會大大加速自身的進步。這樣的進展將會延伸到你的人際關係，也延伸到良好人際關係的基礎——自我認知。這整個過程是相互循環的：自我認知幫助你擁有美好的人際關係，而人際關係則是幫助你認識自己的最佳管道。

如果你不了解自己，又怎麼能夠真正了解其他人，或用適當的態度來回應人際交往呢？如果你老是在人際關係中重複一樣的模式和問題，卻不知道原因，那麼，你還有很多事要學。如果有人問你，為什麼你老是重複某個動作，而你自己卻答不出來，那是因為你跟著潛意識的模式來行動。

我們常把「認識自己」掛在嘴邊，卻不太知道其中的意涵，更別說身體力行去實現。要了解自己，我們必須先檢視自己一番。但有時我們太過天真，覺得只要解開一些小疑團，就可以看透自己。究竟，我們要如何克服偏見所造成的謬誤呢？

沒錯，你大概知道我要說什麼了：一切需要時間和系統性的努力。先別說認識全世界，光是了解自己，就需要你投入長程、甚至畢生的努力。

與其開始想像自己將會增長智慧、掌控自我，並學得美學、智能和道德判斷，還不如以一種謙遜和幽默的態度出發。成就自我的過程有時是很辛苦的，所以你要懂得用笑容和幽默面對自己的缺點，否則這個任務會變得冗長而無趣。請用愉快的心情進行。

如果你想要設立新的目標，你可以先將之前精進的技巧轉換成「藝術」，然後把先前我們討論過的項目套進來。全心投入以下的項目：

- 忍耐的藝術（對挫折的容忍度）
- 反省和深思熟慮的藝術
- 堅持和不屈不撓的藝術
- 計畫的藝術
- 持續努力的藝術
- 力求完美的藝術
- 貫徹始終的藝術
- 專注的藝術
- 完成的藝術
- 友情的藝術

然後，你可以將艾米爾的話，運用在上述領域中，當成你的求生守則。當你每分每秒都力求完美，以此造就完美的人生，用這種態度向前邁進，一定可以完全掌握自我。

艾米爾對於秩序和自制還有另外一層見解：「透過資本與資源的運用，你的才能與機會能為你帶來獲利。」這代表提升財富地位也是另一條道路。你覺得呢？

理財，得拋開「乞丐變富翁」的怪念頭

多年來，奎格不切實際的理財方式，讓家人和朋友有點擔心。他不必養家，但身上從沒剩下過半毛錢。事實上，他的收支平衡概念很絕，平常的他總是處於有點透支的狀態，所以，當他完成一個案子、一次拿到一筆錢的時候，就全部拿來補洞，沒有多餘的錢可以存。

這不是一本教你理財的書，但金錢也有簡單的一面。要掌管財務，你需要適當而實際的反省、技巧和中肯的建議，以及長程的眼光。在這個領域裡，可別一上場打擊就想揮出全壘打，也別把事情弄得太複雜。拋開從乞丐搖身成為大富翁的怪念頭，別一天到晚做白日夢。

訂出你的財務目標。不要太貪心，也不要太寒酸。一般來說，只要有足夠的金錢，人們都可以得到他們需求或想望的東西。如果你總是入不敷出，那麼，多賺一點錢也是自我成長的一條道路。就像其他目標一樣，訂立完善的財務計畫，然後持之以恆。

如果你一直處於財務困難當中，問題可能出在另一種自我設限的慣性。對付你心中的恐懼，調整你的生活方式。當你除去負面或曖昧不清的財務觀之後，財務方面的目標其實不難達成。

不要害怕錢。

「拋開所有加諸於你身上的限制，充分掌控所有方法。」艾米爾在手札中提到的這段話，可以用在很多事物上，尤其是人的才智、意志，也許是你的身體。要怎麼做，才能在這些領域中出類拔萃呢？「拋開」其實是去處理，讓它穩定下來。而「處理」代表讓某些東西就定位，隨時可供你使用。現在想想，對你而言，讓所有的力量就定位供你運用，並充分掌握所有方法和管道，這對你有什麼意義？

艾米爾很重視「遵守承諾和約會時間」。做出承諾，並且信守諾言，能夠讓你變得更有自信，心中也會覺得自己是個可靠的人，與你接觸的人也會有同樣的想法。

如果你和別人有約，一定要遵守約定，不要遲到。這不只是禮貌，更是你正直的表現。如果你習慣性遲到，這就代表你覺得自己的時間比別人的時間來得重要。遵守諾言和約會時間，是良好人際互動的基礎。設身處地為對方著想，憑藉著這種互惠原則，才能建立深厚的人際關係。千萬別去計算這次該輪到誰付出。將你在人際關係方面的目標，提升到最高層次。

如果你對自我認知的標準很高，並欣然將自己當作學生的角色，那麼你將能建立許多深入而意義非凡的人際關係。再設定一個目標吧：完全了解自己每個行動背後的動機。如果你找到某人跟你有同樣的目標，你們兩人就會因此建立深厚的關係，就像比利時象徵主義詩人莫里斯・梅特林克（Maurice Maeterlinck）所說的「真摯的感情」——將自己的缺點暴露在另一個人眼前，以此抵銷彼此之間潛在的傷害。

梅特林克說：「獲得這種真摯情感之前，我們的愛只不過是種實驗：我們依照別人的期望生活，我們的言語和親吻都只是暫時的。」想要獲得這種真摯的人際關係，並不是為了消除自己的缺點、培養完美無瑕的道德觀。「以真摯為目標，並非追求道德完美，它會引領我們到更高的層次，運用在更人性和更豐富的領域。」

梅特林克所謂的更高層次，是一種對誠實的認知和完全的坦承，以此去除傳統價值觀不適當的地方。這種純潔的真誠是人生喜樂的基礎，人們必須致力於自我的探索，培養「一種意識，能夠解釋你這一生所有的行動」。

如果你想望著一個不凡的人生，擁有非凡的人際關係，請接受梅特林克的挑戰。大多數想要付諸實行的人，就算只是先在情人或配偶身上小試身手，也能感受到它的神奇力量，不只卸除了彼此的防衛，更促進了美好的親密感。這種事先做好的功課，日後將會在特殊時刻發揮極大的影響力。這是犧牲奉獻的結晶，也是夢想的交流。

沒天分又不會怎樣

提到工作，長久以來，人們重視天賦才華和潛能的展現，似乎勝過努力工作、費盡辛勞才獲得的成就。傑克・倫敦（Jack London）曾誇耀，自己的創作都是一次搞定，草稿就是完稿。就算如此，如果他願意再多花點工夫潤飾，是不是能讓作品更為出色呢？一代舞王佛雷・亞斯坦（Fred Astaire），他渾然天成的精湛舞技，其實是經過不斷苦練而成的。雖然他七歲就開始學舞，但他可是每天花上十二個小時，跟琴姐・羅傑絲（Ginger Rogers）不斷排演，才有如此的成果。

我們的文化對天賦的重視，似乎帶來了一個副作用：如果我們缺乏天賦異稟，就有藉口可以不必努力，退居旁觀者的地位。但是，其實你可以不斷尋找更多活動來發展自己的才能。你可以拿起吉他，或是透過藝術、音樂、文學、建築或園藝，增長你的美學思維和經歷。你甚至可以動手寫小說，沒出版也不重要。

你可以召集自己的街坊鄰居，請大家創作劇本，然後把一條街圍起來，進行為期三天的戲劇嘉年華，請大家扮演不同的角色。你可以畫畫或是寫詩。你可以計畫開始美化一座公園，或拯救一個快要被當的學生。不要抱著只做一等事的心態，凡事只要全力以赴就對了，因為最大的樂趣來自於你投入的過程，每個當下都能盡其在我，這就是最好的結果。除了你自己，沒有人可以做到。

由你開始某件事，然後蔚為風潮，這種感覺不是很棒嗎？如果在每個城市或鄉鎮中，都有人興致勃勃的自創一些活動，因為享受人生的快樂而不斷創新，這種感覺不是很棒嗎？

你可以的，你想做什麼都可以。不要再躲藏了。不要當自己最大的敵人。

讓你的心，有個可以「呼吸」的空間

當你達成了目標、完成了夢想，之後呢？仔細聆聽，在眾聲紛擾中，你會聽到陣陣低語，告訴你成功之後該往哪裡去。這些聲音可能來自你的內心，也可能來自外界。

你的存在是有意義的。去追尋這個意義吧。如果你持續探索內在和外在的目標，你會自然而然更加注重內心的成長。

需要方向和指導的話，你可以從下列豐富的資源中尋找靈感：先知的預言、探討心靈的文章、先人的智慧、藝術、音樂、哲學、文學、詩歌和散文。很多人覺得，這些真知灼見高高在上，先知的教誨似乎只能影響周遭的弟子，偉人的理念也只適用於那些有靈性的人或追隨者身上。但我認為，這種想法就是惰性的根源。面對充滿智慧的教誨，你卻為自己找藉口，說你不是那塊料，藉此逃避挑戰。

你與生具有某種潛能，不是沒有原因的。你並非在追求一個自己沒有能力完成的夢想，一旦你下定決心，突破自我設限的想法和自我挫敗的習慣，你的心中就有了呼吸的空間，有機會重新打造新的人生。你毋須甘於平凡。你可以完成夢想，飛得更高更遠，反抗地心引力，自由翱翔，超越你先前對自己的認知。

改變是困難的，但它只是困難而已。而你將獲得的報酬是：第一次找到生命的意義和真正的自己。你可以拋開之前畏縮的、根深柢固的習性，改掉以往躊躇不前、來回徘徊的心態，直接走向窗邊。你可以擁有更大的空間，你值得看見更寬廣的視野，一切都是你可以創造出來的。

想要過著夢想中的生活，避免遺憾，請想一想：

如果沒人在做這件事，或許這就是你該做的事。

如果可以不向現實低頭，或許這就是你該做的事。

如果你感到害怕，請評估風險；如果危害到你的健康或個人發展，請三思而後行；如果這些顧慮都不存在，請繼續探索你的好奇心，評估成果，不斷求進步。

在〈創意的呼吸〉一文中，海瑟威提到：「美好的事正在發生……如同驚喜般愉悅的刺激……

謙虛的臣服於大地，無私忘我，並創作屬於自己的詩篇。詩是可愛人生的詮釋，也是領悟謎樣人生的完美工具。」

祝你一路順風！

後記

一趟必要的冒險

若沒有一些人的慷慨支持，這本書不可能完成。發想「極限潛能計畫」和撰寫本書的時候，我優秀的臨床醫師同事和朋友給予我很多協助。我希望能藉著這個機會，向他們表達我的謝意。

本書的概念來自於數百人親身試驗的結果。我很感謝他們能夠鼓起勇氣，承擔必要的風險，改變生命的方向，並樂意分享他們的經驗。我第一次發現這些實用、多面向的技巧，是在加州費斯諾（Fresno）進行「集中就業計畫」（Concentrated Employment Program，簡稱ＣＥＰ）的時候。雖然這個計畫距離我提出「極限潛能計畫」有一段時間，但我還是非常感謝ＣＥＰ的工作人員，特別是Alex Esmael、Ken Woods、Chuck Pollock和Carl Scholars，感謝他們特別的協助和真摯的友情。

在「極限潛能計畫」的初始階段，有四個人提供了我珍貴的協助。Rebecca Jewell貢獻了她與一些未能發揮潛力的兒童互動的經驗；Phillip Erdberg提供了臨床實驗上可信的建議；Juliann Kaufmann貢獻了她的熱情、臨床技巧、優秀的資料蒐集能力和溫暖的堅貞信念；Bonnie Miller機智過人，天不怕地不怕，懷抱理想又切合實際，不畏艱難的解決理論和臨床上的各種問題。我還想感謝Cloé Madanes，她是計畫初期的諮詢顧問，教導我們要接受必要的冒險。

計畫成形之後，Andrea Shaw同時扮演了計畫協調者和臨床醫師的角色，提供了非常難能可貴的幫助，特別感謝她工作義務之外持續不斷、振奮人心的付出，大大小小的事都力求完美。我還要特別感謝Robert Lincoln，他和低成就者互動的經驗，提供了首創的貢獻；Terence Patterson則提供了策略上的建議。我還要特別謝謝長期以來的臨床夥伴和好友Kris Picklesimer，他多年來持續不斷提供他在拉法亞特治療中心（Lafayette Therapy Center）的學院經驗協助。我無法想像有任何人可以取代他們的位置。

另外，非常感謝Jon Douglas Lindjord和Peggy Schalk，他們提供了寶貴的建議、熱誠、支持和慷慨的付出，認真盡責的拍攝記錄所有的談話和練習。還有舊金山國家公共廣播網的Renn Vera和Maureen Taylor，他們非常樂於和低成就族群互動，並多次邀請我上節目討論這個計畫。謝謝Stuart Margulies，我們針對斡旋調停和相關方法，進行了多次寶貴的談話。

我還要感謝Lisa Wagner和Robert Thur，他們閱讀了我的初稿，並提供了寶貴的評論。還有John Gallo、Tim Crouse、Ken Walton和Andrea Shaw，他們也閱讀了我的著作，在他們的專業領域中提供寶貴的看法。Jim Cameron則是提供了人格性情研究的專業建議。除此之外，我還要向Gwyneth Cravens致上我深深的謝意，她神采奕奕，熱心又大方，在艱難的環境中完成本書的編輯工作，並且提供了很多其他的協助和諮詢。她既富創意又實用的建議，還有溫暖的友情，都是我靈感源源不絕的泉源。

很多人在我搬到巴黎後，協助我適應當地的生活。我想要謝謝Laurent和Isabelle Massing-Charpentier，他們溫暖的迎接我，好心提供我許多幫助。還要特別謝謝Irène Assayg慷慨提供我緊急住處，還有Pierre Bolszak和Brigitte Gueyraud總是在各方面提供了珍貴的協助。非常謝謝巴黎麥金塔專門店的Abdelmounine Amar先生，他在我遺失電腦期間提供許多協助；還有Ralph Cutillo的後勤協助，以及Elodie Denis的技術諮詢。

最後，我要感謝我的經紀人Eileen Cope，謝謝她專業和實際的幫助；Monica Crowley幫我做最後的潤稿工作；還有我在雷根叢書的編輯Cal Morgan先生，從一開始就擁護我到底，對於本書最後的完稿形式貢獻良多。Cal不僅通曉我的理念，還能將它們化作可理解的文本，除此之外他還是個溫暖貼心的人，能和他合作簡直像做夢一樣幸運。

給Gudrun Mazoyer，個人向你致上特別的謝意，每件事都感激於心。

國家圖書館出版品預行編目（CIP）資料

這輩子，只能這樣嗎？：你是自己最大的敵人 / 肯尼斯．克利斯汀 (Kenneth W. Christian) 著；連映程譯．-- 三版．-- 臺北市：早安財經文化，2017.11
面；　公分．--（生涯新智慧；44）
譯自：Your own worst enemy : breaking the habit of adult underachievement
ISBN 978-986-6613-91-3(平裝)

1. 成功法　2. 生活指導

177.2　　106014543

生涯新智慧 44
這輩子，只能這樣嗎？
你是自己最大的敵人
Your Own Worst Enemy
Breaking the Habit of Adult Underachievement

作　　者：肯尼斯・克利斯汀 Kenneth W. Christian
譯　　者：連映程
封面設計：Bert.design
責任編輯：沈博思、劉詢
行銷企畫：楊佩珍、游荏涵

發 行 人：沈雲驄
發行人特助：戴志靜、黃靜怡
出版發行：早安財經文化有限公司
台北市郵政 30-178 號信箱
電話：(02) 2368-6840　傳真：(02) 2368-7115
早安財經網站：www.goodmorningnet.com
早安財經粉絲專頁：http://www.facebook.com/gmpress

郵撥帳號：19708033　戶名：早安財經文化有限公司
讀者服務專線：(02)2368-6840　服務時間：週一至週五 10:00~18:00
24 小時傳真服務：(02)2368-7115
讀者服務信箱：service@morningnet.com.tw

總 經 銷：大和書報圖書股份有限公司
電話：(02)8990-2588
製版印刷：漾格科技股份有限公司
三版 1 刷：2017 年 11 月
三版 19 刷：2023 年 3 月

定　　價：350 元
I S B N：978-986-6613-91-3（平裝）

一個人的悲劇不在於他輸了，
而是他差點就贏了。